Reading Schedule

이 책은 총 26,584개의 단어로 구성되어 있습니다.(중복 포함, 1페이지는 대략 168단어)
분당 150단어 읽기는 원어민이 말하는 속도입니다. 먼저 이 기준을 목표로 시작해보세요.

● 1회 읽기

날 짜	/	/	/	/	/
시 간	~	~	~	~	~
페이지	~	~	~	~	~

내용 이해도 ☑ 90%이상   ☑ 70%   ☑ 50%   ☑ 30%이하

리딩속도 계산 | 158 | ÷ | | X | 168 | = | |
전체 페이지   시간(분)   1페이지 당 평균 단어수   1분당 읽은 단어수

● 2회 읽기

날 짜	/	/	/	/	/
시 간	~	~	~	~	~
페이지	~	~	~	~	~

내용 이해도 ☑ 90%이상   ☑ 70%   ☑ 50%   ☑ 30%이하

리딩속도 계산 | 158 | ÷ | | X | 168 | = | |
전체 페이지   시간(분)   1페이지 당 평균 단어수   1분당 읽은 단어수

● 3회 읽기

날 짜	/	/	/	/	/
시 간	~	~	~	~	~
페이지	~	~	~	~	~

내용 이해도 ☑ 90%이상   ☑ 70%   ☑ 50%   ☑ 30%이하

리딩속도 계산 | 158 | ÷ | | X | 168 | = | |
전체 페이지   시간(분)   1페이지 당 평균 단어수   1분당 읽은 단어수

식은 죽
먹기야~

- **전체 평가**

    체감 난이도 ☑ 상 ☑ 상중 ☑ 중 ☑ 중하 ☑ 하

    읽기 만족도 ☑ 나는 리딩의 고수!

    ☑ 좀 잘했군요~

    ☑ 노력하세요.

    ☑ 난 머리가 안 좋나봐 -.-;

노인과 바다

리딩 속도가 빨라지는 영어책 002

노인과 바다
The Old Man and the Sea

2015년 2월 20일 초판 1쇄 인쇄
2015년 2월 25일 초판 1쇄 발행

지은이 어니스트 밀러 헤밍웨이
발행인 손건
편집기획 손용희
마케팅 이언영
디자인 김선옥
제작 최승용
인쇄 선경프린테크

발행처 LanCom 랭컴
주소 서울시 영등포구 영신로 38길 17
등록번호 제 312-2006-00060호
전화 02) 2636-0895
팩스 02) 2636-0896
홈페이지 www.lancom.co.kr

ISBN 978-89-98469-73-3

노인과 바다

The Old Man and the Sea

어니스트 밀러 헤밍웨이 지음

LanCom
Language & Communication

He was an old man who fished alone in a skiff in the Gulf Stream and he had gone eighty-four days now without taking a fish. In the first forty days a boy had been with him. But after forty days without a fish the boy's parents had told him that the old man was now definitely and finally 'salao', which is the worst form of unlucky, and the boy had gone at their orders in another boat which caught three good fish the first week. It made the boy sad to see the old man come in each day with his skiff empty and he always went down to help him carry either the coiled lines or the gaff and harpoon and the sail that was furled around the mast. The sail was patched with flour sacks and, furled, it looked like the flag of permanent defeat.

The old man was thin and gaunt with deep wrinkles in the back of his neck. The brown blotches of the benevolent skin cancer the sun brings from its reflection on the tropic sea were on his cheeks. The blotches ran well down the sides of his face and his hands had the deep-creased scars from handling heavy fish on the cords. But none of these scars were fresh. They were as old as erosions in a fishless desert.

Everything about him was old except his eyes and they were the same color as the sea and were cheerful and undefeated.

"Santiago," the boy said to him as they climbed the bank from where the skiff was hauled up. "I could go with you again. We've made some money."

The old man had taught the boy to fish and the boy loved him.

"No," the old man said. "You're with a lucky boat. Stay with them."

"But remember how you went eighty-seven days without fish and then we caught big ones every day for three weeks."

"I remember," the old man said. "I know you did not leave me because you doubted."

"It was papa made me leave. I am a boy and I must obey him."

"I know," the old man said. "It is quite normal."

"He hasn't much faith."

"No," the old man said. "But we have. Haven't we?"

"Yes," the boy said. "Can I offer you a beer on the Terrace and then we'll take the stuff home."

"Why not?" the old man said. "Between fishermen."

They sat on the Terrace and many of the fishermen made fun of the old man and he was not angry. Others, of the older fishermen, looked at him and were sad. But they did not show it and they spoke politely about the current and the depths they had drifted their lines at and the steady good weather and of what they had seen. The successful fishermen of that day were already in and had butchered their marlin out and carried them laid full length across two planks, with two men staggering at the end of each plank, to the fish house where they waited for the ice truck to carry them to the market in Havana. Those who had caught sharks had taken them to the shark factory on the other side of the cove where they were hoisted on a block and tackle, their livers removed, their fins cut off and their hides skinned out and their flesh cut into strips for salting.

When the wind was in the east a smell came across the harbour from the shark factory; but today there was only the faint edge of the odor because the wind had backed into the north and then dropped off and it was pleasant and sunny on the Terrace.

"Santiago," the boy said.

"Yes," the old man said. He was holding his glass and thinking of many years ago.

"Can I go out to get sardines for you for tomorrow?"

"No. Go and play baseball. I can still row and Rogelio will throw the net."

"I would like to go. If I cannot fish with you. I would like to serve in some way."

"You bought me a beer," the old man said. "You are already a man."

"How old was I when you first took me in a boat?"

"Five and you nearly were killed when I brought the fish in too green and he nearly tore the boat to pieces. Can you remember?"

"I can remember the tail slapping and banging and the thwart breaking and the noise of the clubbing. I can remember you throwing me into the bow where the wet coiled lines were and feeling the whole boat shiver and the noise of you clubbing him like chopping a tree down and the sweet blood smell all over me."

"Can you really remember that or did I just tell it to you?"

"I remember everything from when we first went together."

The old man looked at him with his sun-burned, confident loving eyes.

"If you were my boy I'd take you out and gamble," he said. "But you are your father's and your mother's and you are in a lucky boat."

"May I get the sardines? I know where I can get four baits too."

"I have mine left from today. I put them in salt in the box."

"Let me get four fresh ones."

"One," the old man said. His hope and his confidence had never gone. But now they were freshening as when the breeze rises.

"Two," the boy said.

"Two," the old man agreed. "You didn't steal them?"

"I would," the boy said. "But I bought these."

"Thank you," the old man said. He was too simple to wonder when he had attained humility.

But he knew he had attained it and he knew it was not disgraceful and it carried no loss of true pride.

"Tomorrow is going to be a good day with this current," he said.

"Where are you going?" the boy asked.

"Far out to come in when the wind shifts. I want to be out before it is light."

"I'll try to get him to work far out," the boy said. "Then if you hook something truly big we can come to your aid."

"He does not like to work too far out."

"No," the boy said. "But I will see something

that he cannot see such as a bird working and get him to come out after dolphin."

"Are his eyes that bad?"

"He is almost blind."

"It is strange," the old man said. "He never went turtle-ing. That is what kills the eyes."

"But you went turtle-ing for years off the Mosquito Coast and your eyes are good."

"I am a strange old man."

"But are you strong enough now for a truly big fish?"

"I think so. And there are many tricks."

"Let us take the stuff home," the boy said. "So I can get the cast net and go after the sardines."

They picked up the gear from the boat. The old man carried the mast on his shoulder and the boy carried the wooden box with the coiled, hard-braided brown lines, the gaff and the harpoon with its shaft. The box with the baits was under the stern of the skiff along with the club that was used to subdue the big fish when they were brought alongside. No one would steal from the old man but it was better to take the sail and the heavy lines home as the dew was bad for them and, though he was quite sure no local people would steal from him, the old man thought that a gaff and a harpoon were needless temptations to leave in a boat.

They walked up the road together to the old man's shack and went in through its open door. The old man leaned the mast with its wrapped sail against the wall and the boy put the box and the other gear beside it. The mast was nearly as long as the one room of the shack. The shack was made of the tough budshields of the royal palm which are called guano and in it there was a bed, a table, one chair, and a place on the dirt floor to cook with charcoal. On the brown walls of the flattened, overlapping leaves of the sturdy fibered guano there was a picture in color of the

Sacred Heart of Jesus and another of the Virgin of Cobre. These were relics of his wife. Once there had been a tinted photograph of his wife on the wall but he had taken it down because it made him too lonely to see it and it was on the shelf in the corner under his clean shirt.

"What do you have to eat?" the boy asked.

"A pot of yellow rice with fish. Do you want some?"

"No. I will eat at home. Do you want me to make the fire?"

"No. I will make it later on. Or I may eat the rice cold."

"May I take the cast net?"

"Of course."

There was no cast net and the boy remembered when they had sold it. But they went through this fiction every day. There was no pot of yellow rice and fish and the boy knew this too.

"Eighty-five is a lucky number," the old man said. "How would you like to see me bring one in that dressed out over a thousand pounds?"

"I'll get the cast net and go for sardines. Will you sit in the sun in the doorway?"

"Yes. I have yesterday's paper and I will read the baseball."

The boy did not know whether yesterday's paper was a fiction too. But the old man brought it out from under the bed.

"Perico gave it to me at the bodega," he explained. "I'll be back when I have the sardines. I'll keep yours and mine together on ice and we can share them in the morning. When I come back you can tell me about the baseball."

"The Yankees cannot lose."

"But I fear the Indians of Cleveland."

"Have faith in the Yankees my son. Think of the great DiMaggio."

"I fear both the Tigers of Detroit and the Indians of Cleveland."

"Be careful or you will fear even the Reds of Cincinnati and the White Sax of Chicago."

"You study it and tell me when I come back."

"Do you think we should buy a terminal of the lottery with an eighty-five? Tomorrow is the eighty-fifth day."

"We can do that," the boy said. "But what about the eighty-seven of your great record?"

"It could not happen twice. Do you think you can find an eighty-five?"

"I can order one."

"One sheet. That's two dollars and a half. Who can we borrow that from?"

"That's easy. I can always borrow two dollars and a half."

"I think perhaps I can too. But I try not to borrow. First you borrow. Then you beg."

"Keep warm old man," the boy said. "Remember we are in September."

"The month when the great fish come," the old man said. "Anyone can be a fisherman in May."

"I go now for the sardines," the boy said.

When the boy came back the old man was asleep in the chair and the sun was down. The boy took the old army blanket off the bed and spread it over the back of the chair and over the old man's shoulders. They were strange shoulders, still powerful although very old, and the neck was still strong too and the creases did not show so much when the old man was asleep and his head fallen forward. His shirt had been patched so many times that it was like the sail and the patches were faded to many different shades by the sun. The old man's head was very old though and with his eyes closed there was no life in his face. The newspaper lay across his knees and the weight of his arm held it there in the evening breeze. He was barefooted.

The boy left him there and when he came back the old man was still asleep.

"Wake up old man," the boy said and put his hand on one of the old man's knees.

The old man opened his eyes and for a moment he was coming back from a long way away. Then he smiled.

"What have you got?" he asked.

"Supper," said the boy. 'We're going to have supper.

"I'm not very hungry."

"Come on and eat. You can't fish and not eat."

"I have," the old man said getting up and taking the newspaper and folding it. Then he started to fold the blanket.

"Keep the blanket around you," the boy said. "You'll not fish without eating while I'm alive."

"Then live a long time and take care of yourself," the old man said. "What are we eating?"

"Black beans and rice, fried bananas, and some stew.

The boy had brought them in a two-decker metal container from the Terrace. The two sets of knives and forks and spoons were in his pocket with a paper napkin wrapped around each set.

"Who gave this to you?"

"Martin. The owner."

"I must thank him."

"I thanked him already," the boy said. "You don't need to thank him."

"I'll give him the belly meat of a big fish," the old man said. "Has he done this for us more than once?"

"I think so."

"I must give him something more than the belly meat then. He is very thoughtful for us."

"He sent two beers."

"I like the beer in cans best."

"I know. But this is in bottles, Hatuey beer, and I take back the bottles."

"That's very kind of you," the old man said. "Should we eat?"

"I've been asking you to," the boy told him gently. "I have not wished to open the container until you were ready."

"I'm ready now," the old man said. "I only needed time to wash."

Where did you wash? the boy thought. The village water supply was two streets down the road. I must have water here for him, the boy thought, and soap and a good towel. Why am I so thoughtless? I must get him another shirt and a jacket for the winter and some sort of shoes and another blanket.

"Your stew is excellent," the old man said.

"Tell me about the baseball," the boy asked him.

"In the American League it is the Yankees as

I said," the old man said happily.

"They lost today," the boy told him.

"That means nothing. The great DiMaggio is himself again."

"They have other men on the team."

"Naturally. But he makes the difference. In the other league, between Brooklyn and Philadelphia I must take Brooklyn. But then I think of Dick Sisler and those great drives In the old park."

"There was nothing ever like them. He hits the longest ball I have ever seen."

"Do you remember when he used to come to the Terrace?"

I wanted to take him fishing but I was too timid to ask him. Then I asked you to ask him and you were too timid."

"I know. It was a great mistake. He might have gone with us. Then we would have that for all of our lives."

"I would like to take the great DiMaggio fishing," the old man said. "They say his father was a fisherman. Maybe he was as poor as we are and would understand."

"The great Sisler's father was never poor and he, the father, was playing in the Big Leagues when he was my age.

"When I was your age I was before the mast on a square rigged ship that ran to Africa and I have seen lions on the beaches in the evening."

"I know. You told me."

"Should we talk about Africa or about baseball?"

"Baseball I think," the boy said. "Tell me about the great John J. McGraw." He said Jota for J.

"He used to come to the Terrace sometimes too in the older days. But he was rough and harsh-spoken and difficult when he was drinking. His mind was on horses as well as baseball.

At least he carried lists of horses at all times in his pocket and frequently spoke the names of horses on the telephone."

"He was a great manager," the boy said. "My father thinks he was the greatest."

"Because he came here the most times," the old man said. "If Durocher had continued to come here each year your father would think him the greatest manager.

"Who is the greatest manager, really, Luque or Mike Gonzalez?"

"I think they are equal."

"And the best fisherman is you."

"No. I know others better."

"Que Va," the boy said. "There are many good fishermen and some great ones. But there is only you."

"Thank you. You make me happy. I hope no fish will come along so great that he will prove us wrong."

"There is no such fish if you are still strong as you say."

"I may not be as strong as I think," the old man said. "But I know many tricks and I have resolution."

"You ought to go to bed now so that you will be fresh in the morning. I will take the things back to the Terrace."

"Good night then. I will wake you in the morning."

"You're my alarm clock," the boy said.

"Age is my alarm clock," the old man said. "Why do old men wake so early? Is it to have one longer day?"

"I don't know," the boy said. "All I know is that young boys sleep late and hard."

"I can remember it," the old man said. "I'll waken you in time.

"I do not like for him to waken me. It is as though I were inferior."

"I know."

"Sleep well old man."

The boy went out. They had eaten with no light on the table and the old man took off his trousers and went to bed in the dark. He rolled his trousers up to make a pillow, putting the newspaper inside them. He rolled himself in the blanket and slept on the other old newspapers that covered the springs of the bed.

He was asleep in a short time and he dreamed of Africa when he was a boy and the long golden beaches and the white beaches, so white they hurt your eyes, and the high capes and the great brown mountains. He lived along that coast. Now every night and in his dreams he heard the surf roar and saw the native boats come riding through it. He smelled the tar and oakum of the deck as he slept and he smelled the smell of Africa that the land breeze brought at morning.

Usually when he smelled the land breeze he woke up and dressed to go and wake the boy. But tonight the smell of the land breeze came very early and he knew it was too early in his dream and went on dreaming to see the white peaks of the Islands rising from the sea and then he dreamed of the different harbours and roadsteads of the Canary Islands.

He no longer dreamed of storms, nor of women, nor of great occurrences, nor of great fish, nor fights, nor contests of strength, nor of his wife. He only dreamed of places now and of the lions on the beach. They played like young cats in the dusk and he loved them as he loved the boy. He never dreamed about the boy. He simply woke, looked out the open door at the moon and unrolled his trousers and put them on. He urinated outside the shack and then went up the road to wake the boy. He was shivering with the morning cold. But he knew he would shiver himself warm and that soon he would be rowing.

The door of the house where the boy lived was unlocked and he opened it and walked in quietly with his bare feet. The boy was asleep on a cot in the first room and the old man could see him clearly with the light that came in from the dying moon. He took hold of one foot gently and held it until the boy woke and turned and looked at him. The old man nodded and the boy took his trousers from the chair by the bed and, sitting on the bed, pulled them on.

The old man went out the door and the boy came after him. He was sleepy and the old man put his arm across his shoulders and said, "I am sorry."

"Qua Va," the boy said. "It is what a man must do."

They walked down the road to the old man's shack and all along the road, in the dark, barefoot men were moving, carrying the masts of their boats.

When they reached the old man's shack the boy took the rolls of line in the basket and the harpoon and gaff and the old man carried the mast with the furled sail on his shoulder.

"Do you want coffee?" the boy asked.

"We'll put the gear in the boat and then get some."

They had coffee from condensed milk cans at an early morning place that served fishermen.

"How did you sleep old man?" the boy asked. He was waking up now although it was still hard for him to leave his sleep.

"Very well, Manolin," the old man said. "I feel confident today."

"So do I," the boy said. "Now I must get your sardines and mine and your fresh baits. He brings our gear himself. He never wants anyone to carry anything."

"We're different," the old man said. "I let you carry things when you were five years old."

"I know it," the boy said. "I'll be right back. Have another coffee. We have credit here."

He walked off, bare-footed on the coral rocks, to the ice house where the baits were stored.

The old man drank his coffee slowly. It was all he would have all day and he knew that he should take it. For a long time now eating had bored him and he never carried a lunch. He had a bottle of water in the bow of the skiff and that was all he needed for the day.

The boy was back now with the sardines and the two baits wrapped in a newspaper and they went down the trail to the skiff, feeling the pebbled sand under their feet, and lifted the skiff and slid her into the water.

"Good luck old man."

"Good luck," the old man said. He fitted the

rope lashings of the oars onto the thole pins and, leaning forward against the thrust of the blades in the water, he began to row out of the harbour in the dark. There were other boats from the other beaches going out to sea and the old man heard the dip and push of their oars even though he could not see them now the moon was below the hills.

Sometimes someone would speak in a boat. But most of the boats were silent except for the dip of the oars. They spread apart after they were out of the mouth of the harbour and each one headed for the part of the ocean where he hoped to find fish. The old man knew he was going far out and he left the smell of the land behind and rowed out into the clean early morning smell of the ocean. He saw the phosphorescence of the Gulf weed in the water as he rowed over the part of the ocean that the fishermen called the great well because there was a sudden deep of seven hundred fathoms where all sorts of fish congregated because of the swirl the current made against the steep walls of the floor of the ocean. Here there were concentrations of shrimp and bait fish and sometimes schools of squid in the deepest holes and these rose close to the surface at night where all the wandering fish fed on them.

In the dark the old man could feel the morning coming and as he rowed he heard the trembling sound as flying fish left the water and the hissing that their stiff set wings made as they soared away in the darkness. He was very fond of flying fish as they were his principal friends on the ocean. He was sorry for the birds, especially the small delicate dark terns that were always flying and looking and almost never finding, and he thought, the birds have a harder life than we do except for the robber birds and the heavy strong ones. Why did they make birds so delicate and fine as those sea swallows when the ocean can be so cruel? She is kind and very beautiful. But she can be so cruel and it comes so suddenly and such birds that fly, dipping and hunting, with their small sad voices are made too delicately for the sea.

He always thought of the sea as la mar which is what people call her in Spanish when they love her. Sometimes those who love her say bad things of her but they are always said as though she were a woman. Some of the younger fishermen, those who used buoys as floats for their lines and had motorboats, bought when the shark livers had brought much money, spoke of her as el mar which is masculine. They spoke of her as a contestant or a place or even an enemy. But the old man always thought of her as feminine and as something that gave or withheld great favours, and if she did wild or wicked things it was because she could not help them. The moon affects her as it does a woman, he thought.

He was rowing steadily and it was no effort for him since he kept well within his speed and the surface of the ocean was flat except for the occasional swirls of the current. He was letting the current do a third of the work and as it started to be light he saw he was already further out than he had hoped to be at this hour.

I worked the deep wells for a week and did nothing, he thought. Today I'll work out where the schools of bonito and albacore are and maybe there will be a big one with them.

Before it was really light he had his baits out and was drifting with the current. One bait was down forty fathoms. The second was at seventy-five and the third and fourth were down in the blue water at one hundred and one hundred and twenty-five fathoms. Each bait hung head down with the shank of the hook inside the bait fish, tied and sewed solid and all the projecting part of the hook, the curve and the point, was covered with fresh sardines. Each sardine was hooked through both eyes so that they made a half-garland on the projecting steel. There was no part of the hook that a great fish could feel which was not sweet smelling and good tasting.

The boy had given him two fresh small tunas, or albacores, which hung on the two deepest lines like plummets and, on the others, he had a big blue runner and a yellow jack that had been used before; but they were in good condition still and had the excellent sardines to give them scent and attractiveness. Each line, as thick around as a big pencil, was looped onto a green-sapped stick so that any pull or touch on the bait would make the stick dip and each line had two forty-fathom coils which could be made fast to the other spare coils so that, if it were necessary, a fish could take out over three hundred fathoms of line.

Now the man watched the dip of the three sticks over the side of the skiff and rowed gently to keep the lines straight up and down and at their proper depths. It was quite light and any moment now the sun would rise.

The sun rose thinly from the sea and the old man could see the other boats, low on the water and well in toward the shore, spread out across the current. Then the sun was brighter and the glare came on the water and then, as it rose clear, the flat sea sent it back at his eyes so that it hurt sharply and he rowed without looking into it. He looked down into the water and watched the lines that went straight down into the dark of the water. He kept them straighter than anyone did, so that at each level in the darkness of the stream there would be a bait waiting exactly where he wished it to be for any fish that swam there. Others let them drift with the current and sometimes they were at sixty fathoms when the fishermen thought they were at a hundred.

But, he thought, I keep them with precision. Only I have no luck any more. But who knows? Maybe today. Every day is a new day. It is better to be lucky. But I would rather be exact. Then when luck comes you are ready.

The sun was two hours higher now and it did not hurt his eyes so much to look into the east. There were only three boats in sight now and they showed very low and far inshore.

All my life the early sun has hurt my eyes, he thought. Yet they are still good. In the evening I can look straight into it without getting the blackness. It has more force in the evening too. But in the morning it is painful.

Just then he saw a man-of-war bird with his long black wings circling in the sky ahead of him. He made a quick drop, slanting down on his back-swept wings, and then circled again.

"He's got something," the old man said aloud. "He's not just looking."

He rowed slowly and steadily toward where the bird was circling. He did not hurry and he kept his lines straight up and down. But he crowded the current a little so that he was still fishing correctly though faster than he would have fished if he was not trying to use the bird.

The bird went higher in the air and circled again, his wings motionless. Then he dove suddenly and the old man saw flying fish spurt out of the water and sail desperately over the surface.

"Dolphin," the old man said aloud. "Big dolphin."

He shipped his oars and brought a small line from under the bow. It had a wire leader and a medium-sized hook and he baited it with one of the sardines. He let it go over the side and then made it fast to a ring bolt in the stern. Then he baited another line and left it coiled in the shade of the bow. He went back to rowing and to watching the long-winged black bird who was working, now, low over the water.

As he watched the bird dipped again slanting his wings for the dive and then swinging them wildly and ineffectually as he followed the flying fish. The old man could see the slight bulge in the water that the big dolphin raised as they followed the escaping fish. The dolphin were cutting through the water below the flight of the fish and would be in the water, driving at speed, when the fish dropped. It is a big school of dolphin, he thought. They are widespread and the flying fish have little chance. The bird has no chance. The flying fish are too big for him and they go too fast.

He watched the flying fish burst out again and again and the ineffectual movements of the bird. That school has gotten away from me, he thought. They are moving out too fast and too far. But perhaps I will pick up a stray and perhaps my big fish is around them. My big fish must be somewhere.

The clouds over the land now rose like mountains and the coast was only a long green line with the gray blue hills behind it. The water was a dark blue now, so dark that it was almost purple. As he looked down into it he saw the red sifting of the plankton in the dark water and the strange light the sun made now. He watched his lines to see them go straight down out of sight into the water and he was happy to see so much plankton because it meant fish. The strange light the sun made in the water, now that the sun was higher, meant good weather and so did the shape of the clouds over the land. But the bird was almost out of sight now and nothing showed on the surface of the water but some patches of yellow, sun-bleached Sargasso weed and the purple, formalized, iridescent, gelatinous bladder of a Portuguese man-of-war floating close beside the boat. It turned on its side and then righted itself. It floated cheerfully as a bubble with its long deadly purple filaments trailing a yard behind it in the water.

"Agua mala," the man said. "You whore."

From where he swung lightly against his oars he looked down into the water and saw the tiny fish that were coloured like the trailing filaments and swam between them and under the small shade the bubble made as it drifted. They were immune to its poison. But men were not and when same of the filaments would catch on a line and rest there slimy and purple while the old man was working a fish, he would have welts and sores on his arms and hands of the sort that poison ivy or poison oak can give. But these poisonings from the agua mala came

quickly and struck like a whiplash. The iridescent bubbles were beautiful. But they were the falsest thing in the sea and the old man loved to see the big sea turtles eating them. The turtles saw them, approached them from the front, then shut their eyes so they were completely carapaced and ate them filaments and all. The old man loved to see the turtles eat them and he loved to walk on them on the beach after a storm and hear them pop when he stepped on them with the horny soles of his feet.

He loved green turtles and hawk-bills with their elegance and speed and their great value and he had a friendly contempt for the huge, stupid loggerheads, yellow in their armour-plating, strange in their love-making, and happily eating the Portuguese men-of-war with their eyes shut.

He had no mysticism about turtles although he had gone in turtle boats for many years. He was sorry for them all, even the great trunk backs that were as long as the skiff and weighed a ton. Most people are heartless about turtles because a turtle's heart will beat for hours after he has been cut up and butchered. But the old man thought, I have such a heart too and my feet and hands are like theirs. He ate the white eggs to give himself strength. He ate them all through May to be strong in September and October for the truly big fish.

He also drank a cup of shark liver oil each day from the big drum in the shack where many of the fishermen kept their gear. It was there for all fishermen who wanted it. Most fishermen hated the taste. But it was no worse than getting up at the hours that they rose and it was very good against all colds and grippes and it was good for the eyes.

Now the old man looked up and saw that the bird was circling again.

"He's found fish," he said aloud. No flying fish broke the surface and there was no scattering of bait fish. But as the old man watched, a small tuna rose in the air, turned and dropped head first into the water. The tuna shone silver in the sun and after he had dropped back into the water another and another rose and they were jumping in all directions, churning the water and leaping in long jumps after the bait. They were circling it and driving it.

If they don't travel too fast I will get into them, the old man thought, and he watched the school working the water white and the bird now dropping and dipping into the bait fish that were forced to the surface in their panic.

"The bird is a great help," the old man said.

Just then the stern line came taut under his foot, where he had kept a loop of the line, and he dropped his oars and felt tile weight of the small tuna's shivering pull as he held the line firm and commenced to haul it in. The shivering increased as he pulled in and he could see the blue back of the fish in the water and the gold of his sides before he swung him over the side and into the boat. He lay in the stern in the sun, compact and bullet shaped, his big, unintelligent eyes staring as he thumped his life out against the planking of the boat with the quick shivering strokes of his neat, fast-moving tail. The old man hit him on the head for kindness and kicked him, his body still shuddering, under the shade of the stern.

"Albacore," he said aloud. "He'll make a beautiful bait. He'll weigh ten pounds."

He did not remember when he had first started to talk aloud when he was by himself. He had sung when he was by himself in the old days and he had sung at night sometimes when he was alone steering on his watch in the smacks or in the turtle boats. He had probably started to talk aloud, when alone, when the boy had left. But he did not remember. When he and the boy fished together they usually spoke only when it was necessary. They talked at night or when they were storm-bound by bad weather. It was considered a virtue not to talk unnecessarily at sea and the old man had always considered it so and respected it. But now he said his thoughts aloud many times since there was no one that they could annoy.

"If the others heard me talking out loud they would think that I am crazy," he said aloud. "But since I am not crazy, I do not care. And the rich have radios to talk to them in their boats and to bring them the baseball."

Now is no time to think of baseball, he thought. Now is the time to think of only one thing. That which I was born for. There might be a big one around that school, he thought. I picked up only a straggler from the albacore that were feeding. But they are working far out and fast. Everything that shows on the surface today travels very fast and to the north-east. Can that be the time of day? Or is it some sign of weather that I do not know?

He could not see the green of the shore now but only the tops of the blue hills that showed white as though they were snow-capped and the clouds that looked like high snow mountains above them. The sea was very dark and the light made prisms in the water. The myriad flecks of the plankton were annulled now by the high sun and it was only the great deep prisms in the blue water that the old man saw now with his lines going straight down into the water that was a mile deep.

The tuna, the fishermen called all the fish of that species tuna and only distinguished among them by their proper names when they came to sell them or to trade them for baits, were down again. The sun was hot now and the old man felt it on the back of his neck and felt the sweat trickle down his back as he rowed.

I could just drift, he thought, and sleep and put a bight of line around my toe to wake me. But today is eighty-five days and I should fish the day well.

Just then, watching his lines, he saw one of the projecting green sticks dip sharply.

"Yes," he said. "Yes," and shipped his oars without bumping the boat. He reached out for the line and held it softly between the thumb and forefinger of his right hand. He felt no strain nor weight and he held the line lightly. Then it came again. This time it was a tentative pull, not solid nor heavy, and he knew exactly what it was. One hundred fathoms down a marlin was eating the sardines that covered the point and the shank of the hook where the hand-forged hook projected from the head of the small tuna.

The old man held the line delicately, and softly, with his left hand, unleashed it from the stick. Now he could let it run through his fingers without the fish feeling any tension.

This far out, he must be huge in this month, he thought. Eat them, fish. Eat them. Please eat them. How fresh they are and you down there six hundred feet in that cold water in the dark. Make another turn in the dark and come back and eat them.

He felt the light delicate pulling and then a harder pull when a sardine's head must have been more difficult to break from the hook. Then there was nothing.

"Come on," the old man said aloud. "Make another turn. Just smell them. Aren't they lovely? Eat them good now and then there is the tuna. Hard and cold and lovely. Don't be shy, fish. Eat them."

He waited with the line between his thumb and his finger, watching it and the other lines at the same time for the fish might have swum up or down. Then came the same delicate pulling touch again.

"He'll take it," the old man said aloud. "God help him to take it."

He did not take it though. He was gone and the old man felt nothing.

"He can't have gone," he said. "Christ knows he can't have gone. He's making a turn. Maybe he has been hooked before and he remembers something of it."

Then he felt the gentle touch on the line and he was happy.

"It was only his turn," he said. "He'll take it."

He was happy feeling the gentle pulling and then he felt something hard and unbelievably heavy. It was the weight of the fish and he let the line slip down, down, down, unrolling off the first of the two reserve coils. As it went down, slipping lightly through the old man's fingers, he still could feel the great weight, though the pressure of his thumb and finger were almost imperceptible.

"What a fish," he said. "He has it sideways in his mouth now and he is moving off with it."

Then he will turn and swallow it, he thought. He did not say that because he knew that if you said a good thing it might not happen. He knew what a huge fish this was and be thought of him moving away in the darkness with the tuna held crosswise in his mouth. At that moment he felt him stop moving but the weight was still there. Then the weight increased and he gave more line. He tightened the pressure of his thumb and finger for a moment and the weight increased and was going straight down.

"He's taken it," he said. "Now I'll let him eat it well."

He let the line slip through his fingers while he reached down with his left hand and made fast the free end of the two reserve coils to the loop of the two reserve coils of the next line. Now he was ready. He had three forty-fathom coils of line in reserve now, as well as the coil he was using.

"Eat it a little more," he said. "Eat it well."

Eat it so that the point of the hook goes into your heart and kills you, he thought. Come up easy and let me put the harpoon into you. All right. Are you ready? Have you been long enough at table?

"Now!" he said aloud and struck hard with both hands, gained a yard of line and then struck again and again, swinging with each arm alternately on the cord with all the strength of his arms and the pivoted weight of his body.

Nothing happened. The fish just moved away slowly and the old man could not raise him an inch. His line was strong and made for heavy fish and he held it against his back until it was so taut that beads of water were jumping from it. Then it began to make a slow hissing sound in the water and he still held it, bracing himself against the thwart and leaning back against the pull. The boat began to move slowly off toward the north-west.

The fish moved steadily and they travelled slowly on the calm water. The other baits were still in the water but there was nothing to be done.

"I wish I had the boy" the old man said aloud. "I'm being towed by a fish and I'm the towing bitt. I could make the line fast. But then he could break it. I must hold him all I can and give him line when he must have it. Thank God he is travelling and not going down."

What I will do if he decides to go down, I don't know. What I'll do if he sounds and dies

I don't know. But I'll do something. There are plenty of things I can do.

He held the line against his back and watched its slant in the water and the skiff moving steadily to the north-west.

This will kill him, the old man thought. He can't do this forever. But four hours later the fish was still swimming steadily out to sea, towing the skiff, and the old man was still braced solidly with the line across his back.

"It was noon when I hooked him," he said. "And I have never seen him."

He had pushed his straw hat hard down on his head before he hooked the fish and it was cutting his forehead. He was thirsty too and he got down on his knees and, being careful not to jerk on the line, moved as far into the bow as he could get and reached the water bottle with one hand. He opened it and drank a little. Then he rested against the bow. He rested sitting on the unstopped mast and sail and tried not to think but only to endure.

Then he looked behind him and saw that no land was visible. That makes no difference, he thought. I can always come in on the glow from Havana. There are two more hours before the sun sets and maybe he will come up before that. If he doesn't maybe he will come up with the moon. If he does not do that maybe he will come up with the sunrise. I have no cramps and I feel strong. It is he that has the hook in his mouth. But what a fish to pull like that. He must have his mouth shut tight on the wire. I wish I could see him. I wish I could see him only once to know what I have against me.

The fish never changed his course nor his direction all that night as far as the man could tell from watching the stars. It was cold after the sun went down and the old man's sweat dried cold on his back and his arms and his old legs. During the day he had taken the sack that covered the bait box and spread it in the sun to dry. After the sun went down he tied it around his neck so that it hung down over his back and he cautiously worked it down under the line that was across his shoulders now. The sack cushioned the line and he had found a way of leaning forward against the bow so that he was almost comfortable. The position actually was only somewhat less intolerable; but he thought of it as almost comfortable.

I can do nothing with him and he can do nothing with me, he thought. Not as long as he keeps this up.

Once he stood up and urinated over the side of the skiff and looked at the stars and checked his course. The line showed like a phosphorescent streak in the water straight out from his shoulders. They were moving more slowly now and the glow of Havana was not so strong, so that he knew the current must be carrying them to the eastward. If I lose the glare of Havana we must be going more to the eastward, he thought. For if the fish's course held true I must see it for many more hours. I wonder how the baseball came out in the grand leagues today, he thought. It would be wonderful to do this with a radio. Then he thought, think of it always. Think of what you are doing. You must do nothing stupid.

Then he said aloud, "I wish I had the boy. To help me and to see this."

No one should be alone in their old age, he thought. But it is unavoidable. I must remember to eat the tuna before he spoils in order to keep strong. Remember, no matter how little you want to, that you must eat him in the morning. Remember, he said to himself.

During the night two porpoises came around the boat and he could hear them rolling and blowing. He could tell the difference between the blowing noise the male made and the sighing blow of the female.

"They are good," he said. "They play and make jokes and love one another. They are our brothers like the flying fish."

Then he began to pity the great fish that he had hooked. Lie is wonderful and strange and who knows how old he is, he thought. Never have I had such a strong fish nor one who acted so strangely. Perhaps he is too wise to jump. He could ruin me by jumping or by a wild rush. But perhaps he has been hooked many times before and he knows that this is how he should make his fight. He cannot know that it is only one man against him, nor that it is an old man. But what a great fish he is and what will he bring in the market if the flesh is good. He took the bait like a male and he pulls like a male and his fight has no panic in it. I wonder if he has any plans or if he is just as desperate as I am?

He remembered the time he had hooked one of a pair of marlin. The male fish always let the female fish feed first and the hooked fish, the female, made a wild, panic-stricken, despairing fight that soon exhausted her, and all the time the male had stayed with her, crossing the line and circling with her on the surface. He had stayed so close that the old man was afraid he would cut the line with his tail which was sharp as a scythe and almost of that size and shape. When the old man had gaffed her and clubbed her, holding the rapier bill with its sandpaper edge and clubbing her across the top of her head until her colour turned to a colour almost like the backing of mirrors, and then, with the boy's aid, hoisted her aboard, the male fish had stayed by the side of the boat. Then, while the old man was clearing the lines and preparing the harpoon, the male fish jumped high into the air beside the boat to see where the female was and then went down deep, his lavender wings, that were his pectoral fins, spread wide and all his wide lavender stripes showing. He was beautiful, the old man remembered, and he had stayed.

That was the saddest thing I ever saw with them, the old man thought. The boy was sad too and we begged her pardon and butchered her promptly.

"I wish the boy was here," he said aloud and settled himself against the rounded planks of the bow and felt the strength of the great fish through the line he held across his shoulders moving steadily toward whatever he had chosen.

When once, through my treachery, it had been necessary to him to make a choice, the old man thought.

His choice had been to stay in the deep dark

water far out beyond all snares and traps and treacheries. My choice was to go there to find him beyond all people. Beyond all people in the world. Now we are joined together and have been since noon. And no one to help either one of us.

Perhaps I should not have been a fisherman, he thought. But that was the thing that I was born for. I must surely remember to eat the tuna after it gets light.

Some time before daylight something took one of the baits that were behind him. He heard the stick break and the line begin to rush out over the gunwale of the skiff. In the darkness he loosened his sheath knife and taking all the strain of the fish on his left shoulder he leaned back and cut the line against the wood of the gunwale. Then he cut the other line closest to him and in the dark made the loose ends of the reserve coils fast. He worked skillfully with the one hand and put his foot on the coils to hold them as he drew his knots tight. Now he had six reserve coils of line. There were two from each bait he had severed and the two from the bait the fish had taken and they were all connected.

After it is light, he thought, I will work back to the forty-fathom bait and cut it away too and link up the reserve coils. I will have lost two hundred fathoms of good Catalan cardel and the hooks and leaders. That can be replaced. But who replaces this fish if I hook some fish and it cuts him off? I don't know what that fish was that took the bait just now. It could have been a marlin or a broadbill or a shark. I never felt him. I had to get rid of him too fast.

Aloud he said, "I wish I had the boy."

But you haven't got the boy, he thought. You have only yourself and you had better work back to the last line now, in the dark or not in the dark, and cut it away and hook up the two reserve coils.

So he did it. It was difficult in the dark and once the fish made a surge that pulled him down on his face and made a cut below his eye. The blood ran down his cheek a little way. But it coagulated and dried before it reached his chin and he worked his way back to the bow and rested against the wood. He adjusted the sack and carefully worked the line so that it came across a new part of his shoulders and, holding it anchored with his shoulders, he carefully felt the pull of the fish and then felt with his hand the progress of the skiff through the water.

I wonder what he made that lurch for, he thought. The wire must have slipped on the great hill of his back. Certainly his back cannot feel as badly as mine does. But he cannot pull this skiff forever, no matter how great he is. Now everything is cleared away that might make trouble and I have a big reserve of line; all that a man can ask.

"Fish," he said softly, aloud, "I'll stay with you until I am dead."

He'll stay with me too, I suppose, the old man thought and he waited for it to be light. It was cold now in the time before daylight and he pushed against the wood to be warm. I can do it as long as he can, he thought. And in the first light the line extended out and down into the water. The boat moved steadily and when the first edge of the sun rose it was on the old man's right shoulder.

"He's headed north," the old man said. The current will have set us far to the eastward, he thought. I wish he would turn with the current. That would show that he was tiring.

When the sun had risen further the old man realized that the fish was not tiring. There was only one favorable sign. The slant of the line showed he was swimming at a lesser depth.

That did not necessarily mean that he would jump. But he might.

"God let him jump," the old man said. "I have enough line to handle him."

Maybe if I can increase the tension just a little it will hurt him and he will jump, he thought. Now that it is daylight let him jump so that he'll fill the sacks along his backbone with air and then he cannot go deep to die.

He tried to increase the tension, but the line had been taut up to the very edge of the breaking point since he had hooked the fish and he felt the harshness as he leaned back to pull and knew he could put no more strain on it. I must not jerk it ever, he thought. Each jerk widens the cut the hook makes and then when he does jump he might throw it. Anyway I feel better with the sun and for once I do not have to look into it.

There was yellow weed on the line but the

old man knew that only made an added drag and he was pleased. It was the yellow Gulf weed that had made so much phosphorescence in the night.

"Fish," he said, "I love you and respect you very much. But I will kill you dead before this day ends."

Let us hope so, he thought.

A small bird came toward the skiff from the north. He was a warbler and flying very low over the water. The old man could see that he was very tired.

The bird made the stern of the boat and rested there. Then he flew around the old man's head and rested on the line where he was more comfortable.

"How old are you?" the old man asked the bird. "Is this your first trip?"

The bird looked at him when he spoke. He was too tired even to examine the line and he teetered on it as his delicate feet gripped it fast.

"It's steady," the old man told him. "It's too steady. You shouldn't be that tired after a windless night. What are birds coming to?"

The hawks, he thought, that come out to sea to meet them. But he said nothing of this to the bird who could not understand him anyway and who would learn about the hawks soon enough.

"Take a good rest, small bird," he said. "Then go in and take your chance like any man or bird or fish."

It encouraged him to talk because his back had stiffened in the night and it hurt truly now.

"Stay at my house if you like, bird," he said. "I am sorry I cannot hoist the sail and take you in with the small breeze that is rising. But I am with a friend."

Just then the fish gave a sudden lurch that pulled the old man down onto the bow and would have pulled him overboard if he had not braced himself and given some line.

The bird had flown up when the line jerked and the old man had not even seen him go. He felt the line carefully with his right hand and noticed his hand was bleeding.

"Something hurt him then," he said aloud and pulled back on the line to see if he could turn the fish. But when he was touching the breaking point he held steady and settled back against the strain of the line.

"You're feeling it now, fish," he said. "And so, God knows, am I."

He looked around for the bird now because he would have liked him for company. The bird was gone.

You did not stay long, the man thought. But it is rougher where you are going until you make the shore. How did I let the fish cut me with that one quick pull he made? I must be getting very stupid. Or perhaps I was looking at the

small bird and thinking of him. Now I will pay attention to my work and then I must eat the tuna so that I will not have a failure of strength.

"I wish the boy were here and that I had some salt," he said aloud.

Shifting the weight of the line to his left shoulder and kneeling carefully he washed his hand in the ocean and held it there, submerged, for more than a minute watching the blood trail away and the steady movement of the water against his hand as the boat moved.

"He has slowed much," he said.

The old man would have liked to keep his hand in the salt water longer but he was afraid of another sudden lurch by the fish and he stood up and braced himself and held his hand up against the sun. It was only a line burn that had cut his flesh. But it was in the working part of his hand. He knew he would need his hands before this was over and he did not like to be cut before it started.

"Now," he said, when his hand had dried, "I must eat the small tuna. I can reach him with the gaff and eat him here in comfort."

He knelt down and found the tuna under the stern with the gaff and drew it toward him keeping it clear of the coiled lines. Holding the line with his left shoulder again, and bracing on his left hand and arm, he took the tuna off the gaff hook and put the gaff back in place. He put one knee on the fish and cut strips of dark red meat longitudinally from the back of the head to the tail. They were wedge-shaped strips and he cut them from next to the back bone down to the edge of the belly. When he had cut six strips he spread them out on the wood of the bow, wiped his knife on his trousers, and lifted the carcass of the bonito by the tail and dropped it overboard.

"I don't think I can eat an entire one," he

said and drew his knife across one of the strips. He could feel the steady hard pull of the line and his left hand was cramped. It drew up tight on the heavy cord and he looked at it in disgust.

"What kind of a hand is that," he said. "Cramp then if you want. Make yourself into a claw. It will do you no good."

Come on, he thought and looked down into the dark water at the slant of the line. Eat it now and it will strengthen the hand. It is not the hand's fault and you have been many hours with the fish. But you can stay with him forever. Eat the bonito now.

He picked up a piece and put it in his mouth and chewed it slowly. It was not unpleasant.

Chew it well, he thought, and get all the juices. It would not be bad to eat with a little lime or with lemon or with salt.

"How do you feel, hand?" he asked the cramped hand that was almost as stiff as rigor mortis. "I'll eat some more for you.

He ate the other part of the piece that he had cut in two. He chewed it carefully and then spat out the skin.

"How does it go, hand? Or is it too early to know?"

He took another full piece and chewed it.

"It is a strong full-blooded fish," he thought. "I was lucky to get him instead of dolphin. Dolphin is too sweet. This is hardly sweet at all and all the strength is still in it."

There is no sense in being anything but practical though, he thought. I wish I had some salt. And I do not know whether the sun will rot or dry what is left, so I had better eat it all although I am not hungry. The fish is calm and steady. I will eat it all and then I will be ready.

"Be patient, hand," he said. "I do this for you."

I wish I could feed the fish, he thought. He is

my brother. But I must kill him and keep strong to do it. Slowly and conscientiously he ate all of the wedge-shaped strips of fish.

He straightened up, wiping his hand on his trousers. "Now," he said. "You can let the cord go, hand, and I will handle him with the right arm alone until you stop that nonsense."

He put his left foot on the heavy line that the left hand had held and lay back against the pull against his back.

"God help me to have the cramp go," he said. "Because I do not know what the fish is going to do."

But he seems calm, he thought, and following his plan. But what is his plan, he thought. And what is mine? Mine I must improvise to his because of his great size. If he will jump I can kill him. But he stays down forever. Then I will stay down with him forever.

He rubbed the cramped hand against his

trousers and tried to gentle the fingers. But it would not open. Maybe it will open with the sun, he thought. Maybe it will open when the strong raw tuna is digested. If I have to have it, I will open it, cost whatever it costs. But I do not want to open it now by force. Let it open by itself and come back of its own accord. After all I abused it much in the night when it was necessary to free and untie the various lines.

He looked across the sea and knew how alone he was now. But he could see the prisms in the deep dark water and the line stretching ahead and the strange undulation of the calm. The clouds were building up now for the trade wind and he looked ahead and saw a flight of wild ducks etching themselves against the sky over the water, then blurring, then etching again and he knew no man was ever alone on the sea.

He thought of how some men feared being out of sight of land in a small boar and knew they were right in the months of sudden bad weather. But now they were in hurricane months and, when there are no hurricanes, the weather of hurricane months is the best of all the year.

If there is a hurricane you always see the signs of it in the sky for days ahead, if you are at sea. They do not see it ashore because they do not know what to look for, he thought. The land must make a difference too, in the shape of the clouds. But we have no hurricane coming now.

He looked at the sky and saw the white cumulus built like friendly piles of ice cream and high above were the thin feathers of the cirrus against the high September sky.

"Light brisa," he said. "Better weather for me than for you, fish."

His left hand was still cramped, but he was unknotting it slowly.

I hate a cramp, he thought. It is a treachery

of one's own body. It is humiliating before others to have a diarrhea from ptomaine poisoning or to vomit from it. But a cramp, he thought of it as a calambre, humiliates oneself especially when one is alone.

If the boy were here he could rub it for me and loosen it down from the forearm, he thought. But it will loosen up.

Then, with his right hand he felt the difference in the pull of the line before he saw the slant change in the water. Then, as he leaned against the line and slapped his left hand hard and fast against his thigh he saw the line slanting slowly upward.

"He's coming up," he said. "Come on hand. Please come on."

The line rose slowly and steadily and then the surface of the ocean bulged ahead of the boat and the fish came out. He came out unendingly and water poured from his sides. He was bright in the sun and his head and back were dark purple and in the sun the stripes on his sides showed wide and a light lavender. His sword was as long as a baseball bat and tapered like a rapier and he rose his full length from the water and then re-entered it, smoothly, like a diver and the old man saw the great scythe-blade of his tail go under and the line commenced to race out.

"He is two feet longer than the skiff," the old man said. The line was going out fast but steadily and the fish was not panicked. The old man was trying with both hands to keep the line just inside of breaking strength. He knew that if he could not slow the fish with a steady pressure the fish could take out all the line and break it.

He is a great fish and I must convince him, he thought. I must never let him learn his strength nor what he could do if he made his run. If I were him I would put in everything now and go until something broke. But, thank God, they are not as intelligent as we who kill them; although they are more noble and more able.

The old man had seen many great fish. He had seen many that weighed more than a thousand pounds and he had caught two of that size in his life, but never alone. Now alone, and out of sight of land, he was fast to the biggest fish that he had ever seen and bigger than he had ever heard of, and his left hand was still as tight as the gripped claws of an eagle.

It will uncramp though, he thought. Surely it will uncramp to help my right hand. There are three things that are brothers: the fish and my two hands. It must uncramp. It is unworthy of it to be cramped. The fish had slowed again and was going at his usual pace.

I wonder why he jumped, the old man thought. He jumped almost as though to show me how big he was. I know now, anyway, he

thought. I wish I could show him what sort of man I am. But then he would see the cramped hand. Let him think I am more man than I am and I will be so. I wish I was the fish, he thought, with everything he has against only my will and my intelligence.

He settled comfortably against the wood and took his suffering as it came and the fish swam steadily and the boat moved slowly through the dark water. There was a small sea rising with the wind coming up from the east and at noon the old man's left hand was uncramped.

"Bad news for you, fish," he said and shifted the line over the sacks that covered his shoulders.

He was comfortable but suffering, although he did not admit the suffering at all.

"I am not religious," he said. "But I will say ten Our Fathers and ten Hail Marys that I should catch this fish, and I promise to make a pilgrimage to the Virgin of Cobre if I catch him. That is a promise."

He commenced to say his prayers mechanically. Sometimes he would be so tired that he could not remember the prayer and then he would say them fast so that they would come automatically. Hail Marys are easier to say than Our Fathers, he thought.

"Hail Mary full of Grace the Lord is with thee. Blessed art thou among women and blessed is the fruit of thy womb, Jesus. Holy Mary, Mother of God, pray for us sinners now and at the hour of our death. Amen." Then he added, "Blessed Virgin, pray for the death of this fish. Wonderful though he is."

With his prayers said, and feeling much better, but suffering exactly as much, and perhaps a little more, he leaned against the wood of the bow and began, mechanically, to work the fingers of his left hand.

The sun was hot now although the breeze was rising gently.

"I had better re-bait that little line out over the stern," he said. "If the fish decides to stay another night I will need to eat again and the water is low in the bottle. I don't think I can get anything but a dolphin here. But if I eat him fresh enough he won't be bad. I wish a flying fish would come on board tonight. But I have no light to attract them. A flying fish is excellent to eat raw and I would not have to cut him up. I must save all my strength now. Christ, I did not know he was so big."

"I'll kill him though," he said. "In all his greatness and his glory."

Although it is unjust, he thought. But I will show him what a man can do and what a man endures.

"I told the boy I was a strange old man," he said.

"Now is when I must prove it."

The thousand times that he had proved it meant nothing. Now he was proving it again. Each time was a new time and he never thought about the past when he was doing it.

I wish he'd sleep and I could sleep and dream about the lions, he thought. Why are the lions the main thing that is left? Don't think, old man, he said to himself, Rest gently now against the wood and think of nothing. He is working. Work as little as you can.

It was getting into the afternoon and the boat still moved slowly and steadily. But there was an added drag now from the easterly breeze and the old man rode gently with the small sea and the hurt of the cord across his back came to him easily and smoothly.

Once in the afternoon the line started to rise again. But the fish only continued to swim at a slightly higher level. The sun was on the old man's left arm and shoulder and on his back. So he knew the fish had turned east of north.

Now that he had seen him once, he could picture the fish swimming in the water with his purple pectoral fins set wide as wings and the great erect tail slicing through the dark. I wonder how much he sees at that depth, the old man thought. His eye is huge and a horse, with much less eye, can see in the dark. Once I could see quite well in the dark. Not in the absolute dark. But almost as a cat sees.

The sun and his steady movement of his fingers had uncramped his left hand now completely and he began to shift more of the strain to it and he shrugged the muscles of his back to shift the hurt of the cord a little.

"If you're not tired, fish," he said aloud, "you must be very strange."

He felt very tired now and he knew the night would come soon and he tried to think of other things. He thought of the Big Leagues, to him they were the Gran Ligas, and he knew that the Yankees of New York were playing the Tigres of Detroit.

This is the second day now that I do not know the result of the juegos, he thought. But I must have confidence and I must be worthy of the great DiMaggio who does all things perfectly even with the pain of the bone spur in his heel. What is a bone spur? he asked himself. Un espuela de hueso. We do not have them. Can it be as painful as the spur of a fighting cock in one's heel? I do not think I could endure that or the loss of the eye and of both eyes and continue to fight as the fighting cocks do. Man is not much beside the great birds and beasts. Still I would rather be that beast down there in the darkness of the sea.

"Unless sharks come," he said aloud. "If sharks come, God pity him and me."

Do you believe the great DiMaggio would stay with a fish as long as I will stay with this one? he thought. I am sure he would and more since he is young and strong. Also his father was a fisherman. But would the bone spur hurt him too much?

"I do not know," he said aloud. "I never had a bone spur.

As the sun set he remembered, to give himself more confidence, the time in the tavern at Casablanca when he had played the hand game with the great negro from Cienfuegos who was the strongest man on the docks. They had gone one day and one night with their elbows on a chalk line on the table and their forearms straight up and their hands gripped tight. Each one was trying to force the other's hand down onto the table. There was much betting and people went in and out of the room under the kerosene lights and he had looked at the arm and hand of the negro and at the negro's face. They changed the referees every four hours after the first eight so that the referees could sleep. Blood came out from under the fingernails of both his and the negro's hands and they looked each other in the eye and at their hands and forearms and the bettors went in and out of the room and sat on high chairs against the wall and watched. The walls were painted bright blue and were of wood and the lamps threw their shadows against them. The negro's shadow was huge and it moved on the wall as the breeze moved the lamps.

The odds would change back and forth all night and they fed the negro rum and lighted cigarettes for him. Then the negro, after the rum, would try for a tremendous effort and once he had the old man, who was not an old man then but was Santiago El Campeon, nearly three inches off balance. But the old man had raised his hand up to dead even again. He was sure then that he had the negro, who was a fine man and a great athlete, beaten. And at daylight when the bettors were asking that it be called a draw and the referee was shaking his head, he had unleashed his effort and forced the hand of the negro down and down until it rested on the wood. The match had started on a Sunday morning and ended on a Monday morning. Many of the bettors had asked for a draw because they had to go to work on the docks loading sacks of sugar or at the Havana Coal Company. Otherwise everyone would have wanted it to go to a finish. But he had finished it anyway and before anyone had to go to work.

For a long time after that everyone had called him The Champion and there had been a return match in the spring. But not much money was bet and he had won it quite easily since he had broken the confidence of the negro from Cienfuegos in the first match. After that he had a few matches and then no more. He decided that he could beat anyone if he wanted to badly enough and he decided that it was bad for his right hand for fishing. He had tried a few practice matches with his left hand. But his left hand had always been a traitor and would not do what he called on it to do and he did not trust it.

The sun will bake it out well now, he thought. It should not cramp on me again unless it gets too cold in the night. I wonder what this night will bring.

An airplane passed overhead on its course to Miami and he watched its shadow scaring up the schools of flying fish.

"With so much flying fish there should be dolphin," he said, and leaned back on the line to see if it was possible to gain any on his fish. But he could not and it stayed at the hardness and water-drop shivering that preceded breaking. The boat moved ahead slowly and he watched the airplane until he could no longer see it.

It must be very strange in an airplane, he thought. I wonder what the sea looks like from that height? They should be able to see the fish well if they do not fly too high. I would like to fly very slowly at two hundred fathoms high and see the fish from above. In the turtle boats I was in the cross-trees of the mast-head and even at that height I saw much. The dolphin look greener from there and you can see their stripes and their purple spots and you can see all of the school as they swim. Why is it that all the fast-moving fish of the dark current have purple backs and usually purple stripes or spots? The dolphin looks green of course because he is really golden. But when he comes to feed, truly hungry, purple stripes show on his sides as on a marlin. Can it be anger, or the greater speed he makes that brings them out?

Just before it was dark, as they passed a great island of Sargasso weed that heaved and swung in the light sea as though the ocean were making love with something under a yellow blanket, his small line was taken by a dolphin. He saw it first when it jumped in the air, true gold in the last of the sun and bending and flapping wildly in the air. It jumped again and again in the acrobatics of its fear and he worked his way back to the stern and crouching and holding the big line with his right hand and arm, he pulled the dolphin in with his left hand, stepping on the gained line each time with his bare left foot. When the fish was at the stern, plunging and cutting from side to side in desperation, the old man leaned over the stern and lifted the burnished gold fish with its purple spots over the stern. Its jaws were working convulsively in quick bites against the hook and it pounded the bottom of the skiff with its long flat body, its tail and its head until he clubbed it across the shining golden head until it shivered and was still.

The old man unhooked the fish, re-baited the line with another sardine and tossed it over. Then he worked his way slowly back to the bow. He washed his left hand and wiped it on his trousers. Then he shifted the heavy line from his right hand to his left and washed his right hand in the sea while he watched the sun go into the ocean and the slant of the big cord.

"He hasn't changed at all," he said. But watching the movement of the water against his hand he noted that it was perceptibly slower.

"I'll lash the two oars together across the stern and that will slow him in the night," he said. "He's good for the night and so am I."

It would be better to gut the dolphin a little later to save the blood in the meat, he thought.

I can do that a little later and lash the oars to make a drag at the same time. I had better keep the fish quiet now and not disturb him too much at sunset. The setting of the sun is a difficult time for all fish.

He let his hand dry in the air then grasped the line with it and eased himself as much as he could and allowed himself to be pulled forward against the wood so that the boat took the strain as much, or more, than he did.

I'm learning how to do it, he thought. This part of it anyway. Then too, remember he hasn't eaten since he took the bait and he is huge and needs much food. I have eaten the whole bonito. Tomorrow I will eat the dolphin. He called it dorado. Perhaps I should eat some of it when I clean it. It will be harder to eat than the bonito. But, then, nothing is easy.

"How do you feel, fish?" he asked aloud. "I feel good and my left hand is better and I have food for a night and a day. Pull the boat, fish."

He did not truly feel good because the pain from the cord across his back had almost passed pain and gone into a dullness that he mistrusted. But I have had worse things than that, he thought. My hand is only cut a little and the cramp is gone from the other. My legs are all right. Also now I have gained on him in the question of sustenance.

It was dark now as it becomes dark quickly after the sun sets in September. He lay against the worn wood of the bow and rested all that he could. The first stars were out. He did not know the name of Rigel but he saw it and knew soon they would all be out and he would have all his distant friends.

"The fish is my friend too," he said aloud. "I have never seen or heard of such a fish. But I must kill him. I am glad we do not have to try to kill the stars.

Imagine if each day a man must try to kill the moon, he thought. The moon runs away. But imagine if a man each day should have to try to kill the sun? We were born lucky, he thought.

Then he was sorry for the great fish that had nothing to eat and his determination to kill him never relaxed in his sorrow for him. How many people will he feed, he thought. But are they worthy to eat him? No, of course not. There is no one worthy of eating him from the manner of his behaviour and his great dignity.

I do not understand these things, he thought. But it is good that we do not have to try to kill the sun or the moon or the stars. It is enough to live on the sea and kill our true brothers.

Now, he thought, I must think about the drag. It has its perils and its merits. I may lose so much line that I will lose him, if he makes his effort and the drag made by the oars is in place and the boat loses all her lightness. Her lightness prolongs both our suffering but it is my safety since he has great speed that he has never yet employed. No matter what passes I must gut the dolphin so he does not spoil and eat some of him to be strong.

Now I will rest an hour more and feel that he is solid and steady before I move back to the stern to do the work and make the decision. In the meantime I can see how he acts and if he shows any changes. The oars are a good trick; but it has reached the time to play for safety. He is much fish still and I saw that the hook was in the corner of his mouth and he has kept his mouth tight shut. The punishment of the hook is nothing. The punishment of hunger, and that he is against something that he does not comprehend, is everything. Rest now, old man, and let him work until your next duty comes.

He rested for what he believed to be two hours. The moon did not rise now until late and he had no way of judging the time. Nor was he really resting except comparatively. He was still bearing the pull of the fish across his shoulders but he placed his left hand on the gunwale of the bow and confided more and more of the resistance to the fish to the skiff itself.

How simple it would be if I could make the line fast, he thought. But with one small lurch he could break it. I must cushion the pull of the line with my body and at all times be ready to give line with both hands.

"But you have not slept yet, old man," he said aloud. "It is half a day and a night and now another day and you have not slept. You must devise a way so that you sleep a little if he is quiet and steady. If you do not sleep you might become unclear in the head."

I'm clear enough in the head, he thought. Too clear. I am as clear as the stars that are my brothers. Still I must sleep. They sleep and the moon and the sun sleep and even the ocean sleeps sometimes on certain days when there is no current and a flat calm.

But remember to sleep, he thought. Make yourself do it and devise some simple and sure way about the lines. Now go back and prepare the dolphin. It is too dangerous to rig the oars as a drag if you must sleep.

I could go without sleeping, he told himself. But it would be too dangerous.

He started to work his way back to the stern on his hands and knees, being careful not to jerk against the fish. He may be half asleep himself, he thought. But I do not want him to rest. He must pull until he dies.

Back in the stern he turned so that his left hand held the strain of the line across his shoulders and drew his knife from its sheath with his right hand. The stars were bright now and he saw the dolphin clearly and he pushed the blade of his knife into his head and drew him out from under the stern. He put one of his feet on the fish and slit him quickly from the vent up to the tip of his lower jaw. Then he put his knife down and gutted him with his right hand, scooping him clean and pulling the gills clear.

He felt the maw heavy and slippery in his hands and he slit it open. There were two flying fish inside. They were fresh and hard and he laid them side by side and dropped the guts and the gills over the stern. They sank leaving a trail of phosphorescence in the water. The dolphin was cold and a leprous gray-white now in the starlight and the old man skinned one side of him while he held his right foot on the fish's head. Then he turned him over and skinned the other side and cut each side off from the head down to the tail.

He slid the carcass overboard and looked to see if there was any swirl in the water. But there was only the light of its slow descent. He turned then and placed the two flying fish inside the two fillets of fish and putting his knife back in its sheath, he worked his way slowly back to the bow. His back was bent with the weight of the line across it and he carried the fish in his right hand.

Back in the bow he laid the two fillets of fish out on the wood with the flying fish beside them. After that he settled the line across his shoulders in a new place and held it again with his left hand resting on the gunwale. Then he leaned over the side and washed the flying fish in the water, noting the speed of the water against his hand. His hand was phosphorescent from skinning the fish and he watched the flow of the water against it. The flow was less strong and as he rubbed the side of his hand against the planking of the skiff, particles of phosphorus floated off and drifted slowly astern.

"He is tiring or he is resting," the old man said. "Now let me get through the eating of this dolphin and get some rest and a little sleep."

Under the stars and with the night colder all the time he ate half of one of the dolphin fillets and one of the flying fish, gutted and with its head cut off.

"What an excellent fish dolphin is to eat cooked," he said. "And what a miserable fish raw. I will never go in a boat again without salt or limes."

If I had brains I would have splashed water on the bow all day and drying, it would have made salt, he thought. But then I did not hook the dolphin until almost sunset. Still it was a lack of preparation. But I have chewed it all well and I am not nauseated.

The sky was clouding over to the east and one after another the stars he knew were gone. It looked now as though he were moving into a great canyon of clouds and the wind had dropped.

"There will be bad weather in three or four days," he said. "But not tonight and not tomorrow. Rig now to get some sleep, old man, while the fish is calm and steady."

He held the line tight in his right hand and then pushed his thigh against his right hand as he leaned all his weight against the wood of the bow. Then he passed the line a little lower on his shoulders and braced his left hand on it.

My right hand can hold it as long as it is braced, he thought If it relaxes in sleep my left hand will wake me as the line goes out. It is hard on the right hand. But he is used to punishment. Even if I sleep twenty minutes or a half an hour it is good. He lay forward cramping himself against the line with all of his body, putting all his weight onto his right band, and he was asleep.

He did not dream of the lions but instead of a vast school of porpoises that stretched for eight or ten miles and it was in the time of their mating and they would leap high into the air and return into the same hole they had made in the water when they leaped.

Then he dreamed that he was in the village on his bed and there was a norther and he was very cold and his right arm was asleep because his head had rested on it instead of a pillow.

After that he began to dream of the long yellow beach and he saw the first of the lions come down onto it in the early dark and then the other lions came and he rested his chin on the wood of the bows where the ship lay anchored with the evening off-shore breeze and he waited to see if there would be more lions and he was happy.

The moon had been up for a long time but he slept on and the fish pulled on steadily and the boat moved into the tunnel of clouds.

He woke with the jerk of his right fist coming up against his face and the line burning out through his right hand. He had no feeling of his left hand but he braked all he could with his right and the line rushed out. Finally his left hand found the line and he leaned back against the line and now it burned his back and his left hand, and his left hand was taking all the strain and cutting badly. He looked back at the coils of line and they were feeding smoothly. Just then the fish jumped making a great bursting of the ocean and then a heavy fall. Then he jumped again and again and the boat was going fast although line was still racing out and the old man was raising the strain to breaking point and raising it to breaking point again and again. He had been pulled down tight onto the bow and his face was in the cut slice of dolphin and he could not move.

This is what we waited for, he thought. So now let us take it. Make him pay for the line, he thought. Make him pay for it.

He could not see the fish's jumps but only heard the breaking of the ocean and the heavy splash as he fell. The speed of the line was cutting his hands badly but he had always known this would happen and he tried to keep the cutting across the calloused parts and not let the line slip into the palm nor cut the fingers.

If the boy was here he would wet the coils of line, he thought. Yes. If the boy were here. If the boy were here.

The line went out and out and out but it was slowing now and he was making the fish earn each inch of it. Now he got his head up from the wood and out of the slice of fish that his cheek had crushed. Then he was on his knees and then he rose slowly to his feet. He was ceding line but more slowly all the time. He worked back to where he could feel with his foot the coils of line that he could not see. There was plenty of line still and now the fish had to pull the friction of all that new line through the water.

Yes, he thought. And now he has jumped more than a dozen times and filled the sacks along his back with air and he cannot go down deep to die where I cannot bring him up. He will start circling soon and then I must work on him. I wonder what started him so suddenly? Could it have been hunger that made him desperate, or was he frightened by something in the night? Maybe he suddenly felt fear. But he was such a calm, strong fish and he seemed so fearless and so confident. It is strange.

"You better be fearless and confident yourself, old man," he said. "You're holding him again but you cannot get line. But soon he has to circle."

The old man held him with his left hand

and his shoulders now and stooped down and scooped up water in his right hand to get the crushed dolphin flesh off of his face. He was afraid that it might nauseate him and he would vomit and lose his strength. When his face was cleaned he washed his right hand in the water over the side and then let it stay in the salt water while he watched the first light come before the sunrise. He's headed almost east, he thought. That means he is tired and going with the current. Soon he will have to circle. Then our true work begins.

After he judged that his right hand had been in the water long enough he took it out and looked at it.

"It is not bad," he said. "And pain does not matter to a man.

He took hold of the line carefully so that it did not fit into any of the fresh line cuts and shifted his weight so that he could put his left hand into the sea on the other side of the skiff.

"You did not do so badly for something worthless," he said to his left hand. "But there was a moment when I could not find you."

Why was I not born with two good hands? he thought. Perhaps it was my fault in not training that one properly. But God knows he has had enough chances to learn. He did not do so badly in the night, though, and he has only cramped once. If he cramps again let the line cut him off.

When he thought that he knew that he was not being clear-headed and he thought he should chew some more of the dolphin. But I can't, he told himself. It is better to be light-headed than to lose your strength from nausea. And I know I cannot keep it if I eat it since my face was in it. I will keep it for an emergency until it goes bad. But it is too late to try for strength now through nourishment. You're stupid, he told himself. Eat the other flying fish.

It was there, cleaned and ready, and he picked it up with his left hand and ate it chewing the bones carefully and eating all of it down to the tail.

It has more nourishment than almost any fish, he thought. At least the kind of strength that I need. Now I have done what I can, he thought. Let him begin to circle and let the fight come.

The sun was rising for the third time since he had put to sea when the fish started to circle.
He could not see by the slant of the line that the fish was circling. It was too early for that. He just felt a faint slackening of the pressure of the line and he commenced to pull on it gently with his right hand. It tightened, as always, but just when he reached the point where it would break, line began to come in. He slipped his shoulders and head from under the line and be-

gan to pull in line steadily and gently. He used both of his hands in a swinging motion and tried to do the pulling as much as he could with his body and his legs. His old legs and shoulders pivoted with the swinging of the pulling.

"It is a very big circle," he said. "But he is circling."

Then the line would not come in any more and he held it until he saw the drops jumping from it in the sun. Then it started out and the old man knelt down and let it go grudgingly back into the dark water.

"He is making the far part of his circle now," he said. I must hold all I can, he thought. The strain will shorten his circle each time. Perhaps in an hour I will see him. Now I must convince him and then I must kill him.

But the fish kept on circling slowly and the old man was wet with sweat and tired deep into his bones two hours later. But the circles were much shorter now and from the way the line slanted he could tell the fish had risen steadily while he swam.

For an hour the old man had been seeing black spots before his eyes and the sweat salted his eyes and salted the cut over his eye and on his forehead. He was not afraid of the black spots. They were normal at the tension that he was pulling on the line. Twice, though, he had felt faint and dizzy and that had worried him.

"I could not fail myself and die on a fish like this," he said. "Now that I have him coming so beautifully, God help me endure. I'll say a hundred Our Fathers and a hundred Hail Marys. But I cannot say them now.

Consider them said, he thought. I'll say them later. Just then he felt a sudden banging and jerking on the line he held with his two hands. It was sharp and hard-feeling and heavy.

He is hitting the wire leader with his spear,

he thought. That was bound to come. He had to do that. It may make him jump though and I would rather he stayed circling now. The jumps were necessary for him to take air. But after that each one can widen the opening of the hook wound and he can throw the hook.

"Don't jump, fish," he said. "Don't jump."

The fish hit the wire several times more and each time he shook his head the old man gave up a little line.

I must hold his pain where it is, he thought. Mine does not matter. I can control mine. But his pain could drive him mad.

After a while the fish stopped beating at the wire and started circling slowly again. The old man was gaining line steadily now. But he felt faint again. He lifted some sea water with his left hand and put it on his head. Then he put more on and rubbed the back of his neck.

"I have no cramps," he said. "He'll be up

soon and I can last. You have to last. Don't even speak of it."

He kneeled against the bow and, for a moment, slipped the line over his back again. I'll rest now while he goes out on the circle and then stand up and work on him when he comes in, he decided.

It was a great temptation to rest in the bow and let the fish make one circle by himself without recovering any line. But when the strain showed the fish had turned to come toward the boat, the old man rose to his feet and started the pivoting and the weaving pulling that brought in all the line he gained.

I'm tireder than I have ever been, he thought, and now the trade wind is rising. But that will be good to take him in with. I need that badly.

"I'll rest on the next turn as he goes out," he said. "I feel much better. Then in two or three turns more I will have him."

His straw hat was far on the back of his head and he sank down into the bow with the pull of the line as he felt the fish turn.

You work now, fish, he thought. I'll take you at the turn.

The sea had risen considerably. But it was a fair-weather breeze and he had to have it to get home.

"I'll just steer south and west," he said. "A man is never lost at sea and it is a long island."

It was on the third turn that he saw the fish first.

He saw him first as a dark shadow that took so long to pass under the boat that he could not believe its length.

"No," he said. "He can't be that big."

But he was that big and at the end of this circle he came to the surface only thirty yards away and the man saw his tail out of water. It was higher than a big scythe blade and a very pale lavender above the dark blue water. It raked back and as the fish swam just below the surface the old man could see his huge bulk and the purple stripes that banded him. His dorsal fin was down and his huge pectorals were spread wide.

On this circle the old man could see the fish's eye and the two gray sucking fish that swam around him. Sometimes they attached themselves to him. Sometimes they darted off. Sometimes they would swim easily in his shadow. They were each over three feet long and when they swam fast they lashed their whole bodies like eels.

The old man was sweating now but from something else besides the sun. On each calm placid turn the fish made he was gaining line and he was sure that in two turns more he would have a chance to get the harpoon in.

But I must get him close, close, close, he thought. I mustn't try for the head. I must get the heart.

"Be calm and strong, old man," he said.

On the next circle the fish's beck was out but he was a little too far from the boat. On the next circle he was still too far away but he was higher out of water and the old man was sure that by gaining some more line he could have him alongside.

He had rigged his harpoon long before and its coil of light rope was in a round basket and the end was made fast to the bitt in the bow.

The fish was coming in on his circle now calm and beautiful looking and only his great tail moving. The old man pulled on him all that he could to bring him closer. For just a moment the fish turned a little on his side. Then he straightened himself and began another circle.

"I moved him," the old man said. "I moved

him then."

He felt faint again now but he held on the great fish all the strain that he could. I moved him, he thought. Maybe this time I can get him over. Pull, hands, he thought. Hold up, legs. Last for me, head. Last for me. You never went. This time I'll pull him over.

But when he put all of his effort on, starting it well out before the fish came alongside and pulling with all his strength, the fish pulled part way over and then righted himself and swam away.

"Fish," the old man said. "Fish, you are going to have to die anyway. Do you have to kill me too?"

That way nothing is accomplished, he thought. His mouth was too dry to speak but he could not reach for the water now. I must get him alongside this time, he thought. I am not good for many more turns. Yes you are, he told himself. You're good for ever.

On the next turn, he nearly had him. But again the fish righted himself and swam slowly away.

You are killing me, fish, the old man thought. But you have a right to. Never have I seen a greater, or more beautiful, or a calmer or more noble thing than you, brother. Come on and kill me. I do not care who kills who.

Now you are getting confused in the head, he thought. You must keep your head clear. Keep your head clear and know how to suffer like a man. Or a fish, he thought.

"Clear up, head," he said in a voice he could hardly hear. "Clear up."

Twice more it was the same on the turns.

I do not know, the old man thought. He had been on the point of feeling himself go each time. I do not know. But I will try it once more.

He tried it once more and he felt himself

going when he turned the fish. The fish righted himself and swam off again slowly with the great tail weaving in the air.

I'll try it again, the old man promised, although his hands were mushy now and he could only see well in flashes.

He tried it again and it was the same. So he thought, and he felt himself going before he started; I will try it once again.

He took all his pain and what was left of his strength and his long gone pride and he put it against the fish's agony and the fish came over onto his side and swam gently on his side, his bill almost touching the planking of the skiff and started to pass the boat, long, deep, wide, silver and barred with purple and interminable in the water.

The old man dropped the line and oto his foot on it and lifted the harpoon as high as he could and drove it down with all his strength, and more strength he had just summoned, into the fish's side just behind the great chest fin that rose high in the air to the altitude of the man's chest. He felt the iron go in and he leaned on it and drove it further and then pushed all his weight after it.

Then the fish came alive, with his death in him, and rose high out of the water showing all his great length and width and all his power and his beauty. He seemed to hang in the air above the old man in the skiff. Then he fell into the water with a crash that sent spray over the old man and over all of the skiff.

The old man felt faint and sick and he could not see well. But he cleared the harpoon line and let it run slowly through his raw hands and, when he could see, he saw the fish was on his back with his silver belly up. The shaft of the harpoon was projecting at an angle from the fish's shoulder and the sea was discolouring with the red of the blood from his heart. First it was dark as a shoal in the blue water that was more than a mile deep. Then it spread like a cloud. The fish was silvery and still and floated with the waves.

The old man looked carefully in the glimpse of vision that he had. Then he took two turns of the harpoon line around the bitt in the bow and hid his head on his hands.

"Keep my head clear," he said against the wood of the bow. "I am a tired old man. But I have killed this fish which is my brother and now I must do the slave work."

Now I must prepare the nooses and the rope to lash him alongside, he thought. Even if we were two and swamped her to load him and bailed her out, this skiff would never hold him. I must prepare everything, then bring him in and lash him well and step the mast and set sail for home.

He started to pull the fish in to have him alongside so that he could pass a line through his gills and out his mouth and make his head fast alongside the bow. I want to see him, he thought, and to touch and to feel him. He is my fortune, he thought. But that is not why I wish to feel him. I think I felt his heart, he thought. When I pushed on the harpoon shaft the second time. Bring him in now and make him fast and get the noose around his tail and another around his middle to bind him to the skiff.

"Get to work, old man," he said. He took a very small drink of the water. "There is very much slave work to be done now that the fight is over."

He looked up at the sky and then out to his fish. He looked at the sun carefully. It is not much more than noon, he thought. And the trade wind is rising. The lines all mean nothing now. The boy and I will splice them when we are home.

"Come on, fish," he said. But the fish did not come.

Instead he lay there wallowing now in the seas and the old man pulled the skiff upon to him.

When he was even with him and had the fish's head against the bow he could not believe his size. But he untied the harpoon rope from the bitt, passed it through the fish's gills and out his jaws, made a turn around his sword then passed the rope through the other gill, made another turn around the bill and knotted the double rope and made it fast to the bitt in the bow. He cut the rope then and went astern to noose the tail. The fish had turned silver from his original purple and silver, and the stripes showed the same pale violet colour as his tail. They were wider than a man's hand with his fingers spread and the fish's eye looked as detached as the mirrors in a periscope or as a saint in a procession.

"It was the only way to kill him," the old man said. He was feeling better since the water and he knew he would not go away and his head was clear. He's over fifteen hundred pounds the way he is, he thought. Maybe much more. If he dresses out two-thirds of that at thirty cents a pound?

"I need a pencil for that," he said. "My head is not that clear. But I think the great DiMaggio would be proud of me today. I had no bone spurs. But the hands and the back hurt truly." I wonder what a bone spur is, he thought. Maybe we have them without knowing of it.

He made the fish fast to bow and stern and to the middle thwart. He was so big it was like lashing a much bigger skiff alongside. He cut a piece of line and tied the fish's lower jaw against his bill so his mouth would not open and they would sail as cleanly as possible. Then he stepped the mast and, with the stick that was his gaff and with his boom rigged, the patched sail drew, the boat began to move, and half lying in the stern he sailed south-west.

He did not need a compass to tell him where southwest was. He only needed the feel of the trade wind and the drawing of the sail. I better put a small line out with a spoon on it and try and get something to eat and drink for the moisture. But he could not find a spoon and his sardines were rotten. So he hooked a patch of yellow Gulf weed with the gaff as they passed and shook it so that the small shrimps that were in it fell onto the planking of the skiff. There were more than a dozen of them and they jumped and kicked like sand fleas. The old man pinched their heads off with his thumb and forefinger and ate them chewing up the shells and the tails. They were very tiny but he knew they were nourishing and they tasted good.

The old man still had two drinks of water in the bottle and he used half of one after he had eaten the shrimps. The skiff was sailing well considering the handicaps and he steered with the tiller under his arm. He could see the fish and he had only to look at his hands and feel his back against the stern to know that this had truly happened and was not a dream. At one time when he was feeling so badly toward the end, he had thought perhaps it was a dream. Then when he had seen the fish come out of the water and hang motionless in the sky before he fell, he was sure there was some great strangeness and he could not believe it.

Then he could not see well, although now he saw as well as ever. Now he knew there was the fish and his hands and back were no dream. The hands cure quickly, he thought. I bled them clean and the salt water will heal them.

The dark water of the true gulf is the greatest healer that there is. All I must do is keep the head clear. The hands have done their work and we sail well. With his mouth shut and his tail straight up and down we sail like brothers. Then his head started to become a little unclear and he thought, is he bringing me in or am I bringing him in? If I were towing him behind there would be no question. Nor if the fish were in the skiff, with all dignity gone, there would be no question either. But they were sailing together lashed side by side and the old man thought, let him bring me in if it pleases him. I am only better than him through trickery and he meant me no harm.

They sailed well and the old man soaked his hands in the salt water and tried to keep his head clear. There were high cumulus clouds and enough cirrus above them so that the old man knew the breeze would last all night. The old man looked at the fish constantly to make sure it was true. It was an hour before the first shark hit him.

The shark was not an accident. He had come up from deep down in the water as the dark cloud of blood had settled and dispersed in the mile deep sea. He had come up so fast and absolutely without caution that he broke the surface of the blue water and was in the sun. Then he fell back into the sea and picked up the scent and started swimming on the course the skiff and the fish had taken.

Sometimes he lost the scent. But he would pick it up again, or have just a trace of it, and he swam fast and hard on the course. He was a very big Mako shark built to swim as fast as the fastest fish in the sea and everything about him was beautiful except his jaws. His back was as blue as a sword fish's and his belly was silver and his hide was smooth and handsome. He was built as a sword fish except for his huge jaws which were tight shut now as he swam fast, just under the surface with his high dorsal fin knifing through the water without wavering. Inside the closed double lip of his jaws all of his eight rows of teeth were slanted inwards. They were not the ordinary pyramid-shaped teeth of most sharks. They were shaped like a man's fingers when they are crisped like claws. They were nearly as long as the fingers of the old man and they had razor-sharp cutting edges on both sides. This was a fish built to feed on all the fishes in the sea, that were so fast and strong and well armed that they had no other enemy. Now he speeded up as he smelled the fresher scent and his blue dorsal fin cut the water.

When the old man saw him coming he knew that this was a shark that had no fear at all and would do exactly what he wished. He prepared the harpoon and made the rope fast while he watched the shark come on. The rope was short as it lacked what he had cut away to lash the fish.

The old man's head was clear and good now and he was full of resolution but he had little hope. It was too good to last, he thought. He took one look at the great fish as he watched the shark close in. It might as well have been a dream, he thought. I cannot keep him from hitting me but maybe I can get him. Dentuso, he thought. Bad luck to your mother.

The shark closed fast astern and when he hit the fish the old man saw his mouth open and his strange eyes and the clicking chop of the teeth as he drove forward in the meat just above the tail. The shark's head was out of water and his back was coming out and the old man could hear the noise of skin and flesh ripping on the big fish when he rammed the harpoon down onto the shark's head at a spot where the line

between his eyes intersected with the line that ran straight back from his nose. There were no such lines. There was only the heavy sharp blue head and the big eyes and the clicking, thrusting all-swallowing jaws. But that was the location of the brain and the old man hit it. He hit it with his blood mushed hands driving a good harpoon with all his strength. He hit it without hope but with resolution and complete malignancy.

The shark swung over and the old man saw his eye was not alive and then he swung over once again, wrapping himself in two loops of the rope. The old man knew that he was dead but the shark would not accept it. Then, on his back, with his tail lashing and his jaws clicking, the shark plowed over the water as a speedboat does. The water was white where his tail beat it and three-quarters of his body was clear above the water when the rope came taut, shivered, and then snapped. The shark lay quietly for a little while on the surface and the old man watched him. Then he went down very slowly.

"He took about forty pounds," the old man said aloud. He took my harpoon too and all the rope, he thought, and now my fish bleeds again and there will be others.

He did not like to look at the fish anymore since he had been mutilated. When the fish had been hit it was as though he himself were hit.

But I killed the shark that hit my fish, he thought. And he was the biggest dentuso that I have ever seen. And God knows that I have seen big ones.

It was too good to last, he thought. I wish it had been a dream now and that I had never hooked the fish and was alone in bed on the newspapers.

"But man is not made for defeat," he said. "A man can be destroyed but not defeated." I am sorry that I killed the fish though, he thought.

Now the bad time is coming and I do not even have the harpoon. The dentuso is cruel and able and strong and intelligent. But I was more intelligent than he was. Perhaps not, he thought. Perhaps I was only better armed.

"Don't think, old man," he said aloud. "Sail on this course and take it when it comes.

But I must think, he thought. Because it is all I have left. That and baseball. I wonder how the great DiMaggio would have liked the way I hit him in the brain? It was no great thing, he thought. Any man could do it. But do you think my hands were as great a handicap as the bone spurs? I cannot know. I never had anything wrong with my heel except the time the sting ray stung it when I stepped on him when swimming and paralyzed the lower leg and made the unbearable pain.

"Think about something cheerful, old man,"

he said. "Every minute now you are closer to home. You sail lighter for the loss of forty pounds."

He knew quite well the pattern of what could happen when he reached the inner part of the current. But there was nothing to be done now.

"Yes there is," he said aloud. "I can lash my knife to the butt of one of the oars."

So he did that with the tiller under his arm and the sheet of the sail under his foot.

"Now," he said. "I am still an old man. But I am not unarmed."

The breeze was fresh now and he sailed on well. He watched only the forward part of the fish and some of his hope returned.

It is silly not to hope, he thought. Besides I believe it is a sin. Do not think about sin, he thought. There are enough problems now without sin. Also I have no understanding of it.

I have no understanding of it and I am not

sure that I believe in it. Perhaps it was a sin to kill the fish. I suppose it was even though I did it to keep me alive and feed many people. But then everything is a sin. Do not think about sin. It is much too late for that and there are people who are paid to do it. Let them think about it. You were born to be a fisherman as the fish was born to be a fish. San Pedro was a fisherman as was the father of the great DiMaggio.

But he liked to think about all things that he was involved in and since there was nothing to read and he did not have a radio, he thought much and he kept on thinking about sin. You did not kill the fish only to keep alive and to sell for food, he thought. You killed him for pride and because you are a fisherman. You loved him when he was alive and you loved him after. If you love him, it is not a sin to kill him. Or is it more?

"You think too much, old man," he said

aloud.

But you enjoyed killing the dentuso, he thought. He lives on the live fish as you do. He is not a scavenger nor just a moving appetite as some sharks are. He is beautiful and noble and knows no fear of anything.

"I killed him in self-defense," the old man said aloud. "And I killed him well."

Besides, he thought, everything kills everything else in some way. Fishing kills me exactly as it keeps me alive. The boy keeps me alive, he thought. I must not deceive myself too much.

He leaned over the side and pulled loose a piece of the meat of the fish where the shark had cut him. He chewed it and noted its quality and its good taste. It was firm and juicy, like meat, but it was not red. There was no stringiness in it and he knew that it would bring the highest price In the market. But there was no way to keep its scent out of the water and the old man knew that a very hard time was coming.

The breeze was steady. It had backed a little further into the north-east and he knew that meant that it would not fall off. The old man looked ahead of him but he could see no sails nor could he see the hull nor the smoke of any ship. There were only the flying fish that went up from his bow sailing away to either side and the yellow patches of Gulf weed. He could not even see a bird.

He had sailed for two hours, resting in the stern and sometimes chewing a bit of the meat from the marlin, trying to rest and to be strong, when he saw the first of the two sharks.

"Ay," he said aloud. There is no translation for this word and perhaps it is just a noise such as a man might make, involuntarily, feeling the nail go through his hands and into the wood.

"Galanos," he said aloud. He had seen the second fin now coming up behind the first and had identified them as shovel-nosed sharks by the brown, triangular fin and the sweeping movements of the tail. They had the scent and were excited and in the stupidity of their great hunger they were losing and finding the scent in their excitement. But they were closing all the time.

The old man made the sheet fast and jammed the tiller. Then he took up the oar with the knife lashed to it. He lifted it as lightly as he could because his hands rebelled at the pain. Then he opened and closed them on it lightly to loosen them. He closed them firmly so they would take the pain now and would not flinch and watched the sharks come. He could see their wide, flattened, shovel-pointed heads now and their white tipped wide pectoral fins. They were hateful sharks, bad smelling, scavengers as well as killers, and when they were hungry they would bite at an oar or the rudder of a boat. It was these sharks that would cut the turtles' legs and flippers off when the turtles were asleep on the surface, and they would hit a man in the water, if they were hungry, even if the man had no smell of fish blood nor of fish slime on him.

"Ay," the old man said. "Galanos. Come on galanos."

They came. But they did not come as the Mako had come. One turned and went out of sight under the skiff and the old man could feel the skiff shake as he jerked and pulled on the fish. The other watched the old man with his slitted yellow eyes and then came in fast with his half circle of jaws wide to hit the fish where he had already been bitten. The line showed clearly on the top of his brown head and back where the brain joined the spinal cord and the old man drove the knife on the oar into the juncture, withdrew it, and drove it in again into the shark's yellow cat-like eyes. The shark let go of the fish and slid down, swallowing what he had taken as he died.

The skiff was still shaking with the destruction the other shark was doing to the fish and the old man let go the sheet so that the skiff would swing broadside and bring the shark out from under. When he saw the shark he leaned over the side and punched at him. He hit only meat and the hide was set hard and he barely got the knife in. The blow hurt not only his hands but his shoulder too. But the shark came up fast with his head out and the old man hit him squarely in the center of his flat-topped head as his nose came out of water and lay against the fish. The old man withdrew the blade and punched the shark exactly in the same spot again. He still hung to the fish with his jaws hooked and the old man stabbed him in his left eye. The shark still hung there.

"No?" the old man said and he drove the

blade between the vertebrae and the brain. It was an easy shot now and he felt the cartilage sever. The old man reversed the oar and put the blade between the shark's jaws to open them. He twisted the blade and as the shark slid loose he said, "Go on, galano. Slide down a mile deep. Go see your friend, or maybe it's your mother."

The old man wiped the blade of his knife and laid down the oar. Then he found the sheet and the sail filled and he brought the skiff onto her course.

"They must have taken a quarter of him and of the best meat," he said aloud. "I wish it were a dream and that I had never hooked him. I'm sorry about it, fish. It makes everything wrong." He stopped and he did not want to look at the fish now. Drained of blood and awash he looked the colour of the silver backing of a minor and his stripes still showed.

"I shouldn't have gone out so far, fish," he

said. "Neither for you nor for me. I'm sorry, fish."

Now, he said to himself. Look to the lashing on the knife and see if it has been cut. Then get your hand in order because there still is more to come.

"I wish I had a stone for the knife," the old man said after he had checked the lashing on the oar butt. "I should have brought a stone." You should have brought many things, he thought. But you did not bring them, old man. Now is no time to think of what you do not have. Think of what you can do with what there is.

"You give me much good counsel," he said aloud. "I'm tired of it."

He held the tiller under his arm and soaked both his hands in the water as the skiff drove forward.

"God knows how much that last one took," he said. "But she's much lighter now." He did not want to think of the mutilated under-side of the fish. He knew that each of the jerking bumps of the shark had been meat torn away and that the fish now made a trail for all sharks as wide as a highway through the sea.

He was a fish to keep a man all winter, he thought Don't think of that. Just rest and try to get your hands in shape to defend what is left of him. The blood smell from my hands means nothing now with all that scent in the water. Besides they do not bleed much. There is nothing cut that means anything. The bleeding may keep the left from cramping.

What can I think of now? he thought. Nothing. I must think of nothing and wait for the next ones. I wish it had really been a dream, he thought. But who knows? It might have turned out well.

The next shark that came was a single shovelnose. He came like a pig to the trough if a pig had a mouth so wide that you could put your head in it. The old man let him hit the fish and then drove the knife on the oar don into his brain. But the shark jerked backwards as he rolled and the knife blade snapped.

The old man settled himself to steer. He did not even watch the big shark sinking slowly in the water, showing first life-size, then small, then tiny. That always fascinated the old man. But he did not even watch it now.

"I have the gaff now," he said. "But it will do no good. I have the two oars and the tiller and the short club."

Now they have beaten me, he thought. I am too old to club sharks to death. But I will try it as long as I have the oars and the short club and the tiller.

He put his hands in the water again to soak them. It was getting late in the afternoon and he saw nothing but the sea and the sky. There was more wind in the sky than there had been, and soon he hoped that he would see land.

"You're tired, old man," he said. "You're tired inside."

The sharks did not hit him again until just before sunset.

The old man saw the brown fins coming along the wide trail the fish must make in the water. They were not even quartering on the scent. They were headed straight for the skiff swimming side by side.

He jammed the tiller, made the sheet fast and reached under the stern for the club. It was an oar handle from a broken oar sawed off to about two and a half feet in length. He could only use it effectively with one hand because of the grip of the handle and he took good hold of it with his right hand, flexing his hand on it, as he watched the sharks come. They were both galanos.

I must let the first one get a good hold and hit him on the point of the nose or straight across the top of the head, he thought.

The two sharks closed together and as he saw the one nearest him open his jaws and sink them into the silver side of the fish, he raised the club high and brought it down heavy and slamming onto the top of the shark's broad head. He felt the rubbery solidity as the club came down. But he felt the rigidity of bone too and he struck the shark once more hard across the point of the nose as he slid down from the fish.

The other shark had been in and out and now came in again with his jaws wide. The old man could see pieces of the meat of the fish spilling white from the corner of his jaws as he bumped the fish and closed his jaws. He swung at him and hit only the head and the shark looked at him and wrenched the meat loose. The old man swung the club down on him again as he slipped away to swallow and hit only the heavy solid rubberiness.

"Come on, galano," the old man said. "Come in again."

The shark came in a rush and the old man hit him as he shut his jaws. He hit him solidly and from as high up as he could raise the club. This time he felt the bone at the base of the brain and he hit him again in the same place while the shark tore the meat loose sluggishly and slid down from the fish.

The old man watched for him to come again but neither shark showed. Then he saw one on the surface swimming in circles. He did not see the fin of the other.

I could not expect to kill them, he thought. I could have in my time. But I have hurt them both badly and neither one can feel very good. If I could have used a bat with two hands I could have killed the first one surely. Even now, he thought.

He did not want to look at the fish. He knew that half of him had been destroyed. The sun had gone down while he had been in the fight with the sharks.

"It will be dark soon," he said. "Then I should see the glow of Havana. If I am too far to the eastward I will see the lights of one of the new beaches."

I cannot be too far out now, he thought. I hope no one has been too worried. There is only the boy to worry, of course. But I am sure he would have confidence. Many of the older fishermen will worry. Many others too, he thought. I live in a good town.

He could not talk to the fish anymore because the fish had been ruined too badly. Then something came into his head.

"Half fish," he said. "Fish that you were. I am sorry that I went too far out. I ruined us both.

But we have killed many sharks, you and I, and ruined many others. How many did you ever kill, old fish? You do not have that spear on your head for nothing."

He liked to think of the fish and what he could do to a shark if he were swimming free. I should have chopped the bill off to fight them with, he thought. But there was no hatchet and then there was no knife.

But if I had, and could have lashed it to an oar butt, what a weapon. Then we might have fought them together. What will you do now if they come in the night? What can you do?

"Fight them," he said. "I'll fight them until I die."

But in the dark now and no glow showing and no lights and only the wind and the steady pull of the sail he felt that perhaps he was already dead. He put his two hands together and felt the palms. They were not dead and he could bring the pain of life by simply opening and closing them. He leaned his back against the stern and knew he was not dead. His shoulders told him.

I have all those prayers I promised if I caught the fish, he thought. But I am too tired to say them now. I better get the sack and put it over my shoulders.

He lay in the stern and steered and watched for the glow to come in the sky. I have half of him, he thought. Maybe I'll have the luck to bring the forward half in. I should have some luck. No, he said. You violated your luck when you went too far outside.

"Don't be silly," he said aloud. "And keep awake and steer. You may have much luck yet.

"I'd like to buy some if there's any place they sell it," he said.

What could I buy it with? he asked himself. Could I buy it with a lost harpoon and a broken knife and two bad hands?

"You might," he said. "You tried to buy it with eighty-four days at sea. They nearly sold it to you too.

I must not think nonsense, he thought. Luck is a thing that comes in many forms and who can recognize her? I would take some though in any form and pay what they asked. I wish I could see the glow from the lights, he thought. I wish too many things. But that is the thing I wish for now. He tried to settle more comfortably to steer and from his pain he knew he was not dead.

He saw the reflected glare of the lights of the city at what must have been around ten o'clock at night. They were only perceptible at first as the light is in the sky before the moon rises. Then they were steady to see across the ocean which was rough now with the increasing breeze. He steered inside of the glow and he thought that now, soon, he must hit the edge of the stream.

Now it is over, he thought. They will probably hit me again. But what can a man do against them in the dark without a weapon?

He was stiff and sore now and his wounds and all of the strained parts of his body hurt with the cold of the night. I hope I do not have to fight again, he thought. I hope so much I do not have to fight again.

But by midnight he fought and this time he knew the fight was useless. They came in a pack and he could only see the lines in the water that their fins made and their phosphorescence as they threw themselves on the fish. He clubbed at heads and heard the jaws chop and the shaking of the skiff as they took hold below. He clubbed desperately at what he could only feel and hear and he felt something seize the club and it was gone.

He jerked the tiller free from the rudder and beat and chopped with it, holding it in both hands and driving it down again and again. But they were up to the bow now and driving in one after the other and together, tearing off the pieces of meat that showed glowing below the sea as they turned to come once more.

One came, finally, against the head itself and he knew that it was over. He swung the tiller across the shark's head where the jaws were caught in the heaviness of the fish's head which would not tear. He swung it once and twice and again. He heard the tiller break and he lunged at the shark with the splintered butt. He felt it go in and knowing it was sharp he drove it in again. The shark let go and rolled away. That was the last shark of the pack that came. There was nothing more for them to eat.

The old man could hardly breathe now and he felt a strange taste in his mouth. It was coppery and sweet and he was afraid of it for a moment. But there was not much of it.

He spat into the ocean and said, "Eat that, galanos. And make a dream you've killed a man."

He knew he was beaten now finally and without remedy and he went back to the stern and found the jagged end of the tiller would fit in the slot of the rudder well enough for him to steer. He settled the sack around his shoulders and put the skiff on her course. He sailed lightly now and he had no thoughts nor any feelings of any kind. He was past everything now and he sailed the skiff to make his home port as well and as intelligently as he could. In the night sharks hit the carcass as someone might pick up crumbs from the table. The old man paid no attention to them and did not pay any attention to anything except steering. He only noticed how lightly and bow well the skiff sailed now there was no great weight beside her.

She's good, he thought. She is sound and not harmed in any way except for the tiller. That is easily replaced.

He could feel he was inside the current now and he could see the lights of the beach colonies along the shore. He knew where he was now and it was nothing to get home.

The wind is our friend, anyway, he thought. Then he added, sometimes. And the great sea with our friends and our enemies. And bed, he thought. Bed is my friend. Just bed, he thought. Bed will be a great thing. It is easy when you are beaten, he thought. I never knew how easy it was. And what beat you, he thought.

"Nothing," he said aloud. "I went out too far."

When he sailed into the little harbour the lights of the Terrace were out and he knew everyone was in bed. The breeze had risen steadily and was blowing strongly now. It was quiet in the harbour though and he sailed up onto the little patch of shingle below the rocks. There was no one to help him so he pulled the boat up as far as he could. Then he stepped out and made her fast to a rock.

He unstepped the mast and furled the sail and tied it. Then he shouldered the mast and started to climb. It was then he knew the depth of his tiredness. He stopped for a moment and looked back and saw in the reflection from the street light the great tail of the fish standing up well behind the skiff's stern. He saw the white naked line of his backbone and the dark mass of the head with the projecting bill and all the nakedness between.

He started to climb again and at the top he fell and lay for some time with the mast across his shoulder. He tried to get up. But it was too difficult and he sat there with the mast on his shoulder and looked at the road. A cat passed on the far side going about its business and the old man watched it. Then he just watched the road.

Finally he put the mast down and stood up. He picked the mast up and put it on his shoulder and started up the road. He had to sit down five times before he reached his shack.

Inside the shack he leaned the mast against the wall. In the dark he found a water bottle and took a drink. Then he lay down on the bed. He pulled the blanket over his shoulders and then over his back and legs and he slept face down on the newspapers with his arms out straight and the palms of his hands up.

He was asleep when the boy looked in the door in the morning. It was blowing so hard that the drifting-boats would not be going out and the boy had slept late and then come to the old man's shack as he had come each morning. The boy saw that the old man was breathing and then he saw the old man's hands and he started to cry. He went out very quietly to go to bring some coffee and all the way down the road he was crying.

Many fishermen were around the skiff looking at what was lashed beside it and one was in the water, his trousers rolled up, measuring the skeleton with a length of line.

The boy did not go down. He had been there before and one of the fishermen was looking after the skiff for him.

"How is he?" one of the fishermen shouted.

"Sleeping," the boy called. He did not care that they saw him crying. "Let no one disturb him."

"He was eighteen feet from nose to tail," the fisherman who was measuring him called.

"I believe it," the boy said.

He went into the Terrace and asked for a can of coffee.

"Hot and with plenty of milk and sugar in It.

"Anything more?"

"No. Afterwards I will see what he can eat."

"What a fish it was," the proprietor said. "There has never been such a fish. Those were two fine fish you took yesterday too."

"Damn my fish," the boy said and he started to cry again.

"Do you want a drink of any kind?" the proprietor asked.

"No," the boy said. "Tell them not to bother Santiago. I'll be back."

"Tell him how sorry I am."

"Thanks," the boy said.

The boy carried the hot can of coffee up to the old man's shack and sat by him until he woke. Once it looked as though he were waking. But he had gone back into heavy sleep and the boy had gone across the road to borrow some wood to heat the coffee.

Finally the old man woke.

"Don't sit up," the boy said. "Drink this." He poured some of the coffee in a glass.

The old man took it and drank it.

"They beat me, Manolin," he said. "They truly beat me.

"He didn't beat you. Not the fish."

"No. Truly. It was afterwards."

"Pedrico is looking after the skiff and the gear. What do you want done with the head?"

"Let Pedrico chop it up to use in fish traps."

"And the spear?"

"You keep it if you want it."

"I want it," the boy said. "Now we must make our plans about the other things."

"Did they search for me?"

"Of course. With coast guard and with planes."

"The ocean is very big and a skiff is small and hard to see," the old man said. He noticed how pleasant it was to have someone to talk to instead of speaking only to himself and to the sea. "I missed you," he said. "What did you catch?"

"One the first day. One the second and two the third."

"Very good."

"Now we fish together again."

"No. I am not lucky. I am not lucky anymore."

"The hell with luck," the boy said. "I'll bring the luck with me."

"What will your family say?"

"I do not care. I caught two yesterday. But we will fish together now for I still have much to learn."

"We must get a good killing lance and always have it on board. You can make the blade from a spring leaf from an old Ford. We can grind it in Guanabacoa. It should be sharp and not tempered so it will break. My knife broke."

"I'll get another knife and have the spring ground. How many days of heavy brisa have we?"

"Maybe three. Maybe more."

"I will have everything in order," the boy said. "You get your hands well old man."

"I know how to care for them. In the night I spat something strange and felt something in my chest was broken."

"Get that well too," the boy said. "Lie down, old man, and I will bring you your clean shirt. And something to eat."

"Bring any of the papers of the time that I was gone," the old man said.

"You must get well fast for there is much that I can learn and you can teach me everything. How much did you suffer?"

"Plenty," the old man said.

"I'll bring the food and the papers," the boy said. "Rest well, old man. I will bring stuff from the drugstore for your hands."

"Don't forget to tell Pedrico the head is his."

"No. I will remember."

As the boy went out the door and down the worn coral rock road he was crying again.

That afternoon there was a party of tourists at the Terrace and looking down in the water among the empty beer cans and dead barracudas a woman saw a great long white spine with a huge tail at the end that lifted and swung with the tide while the east wind blew a heavy steady sea outside the entrance to the harbour.

"What's that?" she asked a waiter and pointed to the long backbone of the great fish that was now just garbage waiting to go out with the tide.

"Tiburon," the waiter said. "Shark." He was meaning to explain what had happened.

"I didn't know sharks had such handsome,

beautifully formed tails."

"I didn't either," her male companion said.

Up the road, in his shack, the old man was sleeping again. He was still sleeping on his face and the boy was sitting by him watching him. The old man was dreaming about the lions.

***

🐚 나만의 리뷰 and 명문장

한글 요약본

요약본은 영문과 완전히 일치하지 않을 수도 있습니다. 전체 내용은 줄거리를 이해하는데 도움이 되도록 구성하였으니 영문을 읽기 전이나 후에 읽어 보시기 바랍니다.

노인은 조각배를 타고 멕시코 만류에서 홀로 고기잡이를 하고 있었다. 그는 84일 동안이나 고기 한 마리 잡지 못하고 있었다. 처음 40일 동안은 소년이 곁에 있었다. 하지만 고기를 잡지 못하고 40일이나 지나자 소년의 부모는 노인이 이제 영락없는 '살라오'가 되어버렸다고 말했다. 이 말은 최악의 불운한 인간이라는 뜻이다. 그래서 소년은 부모가 시키는 대로 다른 배로 옮겨 탔는데, 그 배는 출어 첫 주에 이미 상당히 큰 물고기를 세 마리나 잡았다. 소년은 날마다 노인이 빈 배로 돌아오는 것을 보고 마음이 아파서, 노인을 마중나가 노인이 감아놓은 낚싯줄이나 갈고리와 작살 그리고 돛대에 말아놓은 돛을 옮겨 나르는 일을 도왔다. 돛은 밀가루 포대로 덧대어 꿰맨 것이어서 펼쳐 올리면 마치 영원한 패배를 상징하는 듯 몹시 초라해 보였다.

　노인은 비쩍 마르고 목 뒷덜미에는 깊은 주름이 패어 있었다. 그의 양쪽 뺨에는 열대의 바다에 반사된 뜨거운 햇볕이 선사한 피부암의 검버섯들이 보였다. 검버섯들은 얼굴 아래쪽까지 퍼져 있었고, 손에는 큰 고기를 잡을 때 밧줄을 다루다가 생긴 깊은 주름 같은 흉터가 있었다. 흉터들 중 새로 생긴 것은 없었다. 고기를 못 잡은 지 오래 되어 흉터는 마치 사막의 침식지형처럼 보였다.

　노인에게 있어서 모든 것은 노쇠하였지만 두 눈만은 푸른 바다와 같은 색깔로 생기가 넘치고 불굴의 투지가 엿보였다.

　"산티아고 할아버지, 저 다시 할아버지와 함께 배를 탈 수 있어요. 돈을 좀 벌었거든요." 소년은 노인과 함께 배를 바닷가로 끌어올리며 말했다.

　노인은 전부터 소년에게 고기잡이를 가르쳐 주었고 소년은 노인을 무척 따랐다.

"아니다. 그 배는 운이 따르는 배야. 그냥 그 배를 타거라."
노인이 말했다.

"하지만 전에 87일 동안이나 고기를 하나도 못 잡으시다가 우리가 3주 동안 매일 큰 놈을 잡은 적도 있잖아요."

"그래, 기억난다. 네가 나를 못 믿어서 떠난 게 아니라는 것도 알고 있다." 노인이 말했다.

"아버지가 할아버지 곁을 떠나라고 하셨어요. 저는 아직 어리기 때문에 아버지 말을 들어야 해요."

"나도 안다. 당연한 일이지."

"아버지는 저한테 믿음이 별로 없어요."

"그래, 하지만 우리는 믿음이 있지. 그렇지?"

"제가 '테라스(술집 이름)'에서 맥주 한 잔 사드릴까요? 이것들은 나중에 함께 나르고요." 소년이 말했다.

"그럼! 우린 같은 어부잖아."

그들이 테라스에서 자리를 잡자 여러 어부들이 노인에 대해 수군대며 놀렸지만 노인은 화내지 않았다. 그나마 나이 지긋한 어부들 중 일부는 슬픈 기색으로 노인을 바라보았다.

하지만 두 사람은 그런 기색 없이 조류나 낚싯줄을 얼마나 깊이 내렸는지, 계속되는 좋은 날씨와 자신들이 바다에서 경험한 것에 대해 점잖게 대화를 나누었다. 그날 수확이 많은 어부들은 일찌감치 부두로 돌아와서 청새치의 배를 가르고 널빤지 두 장에 길게 걸쳐놓고 널빤지마다 두 사람씩 양쪽에 붙어 비틀거리며 생선 저장 창고로 운반했다. 창고에서 그들은 아바나(쿠바의 수도)의 어시장으로 싣고 갈 냉동트럭을 기다렸다. 상어를 잡은 이들은 조금 떨어진 상어 처리 공장으로 그것을 운반했다. 거기에서 도르래와 밧줄로 상어를 끌어올리고 내장을 빼내고 지느러미를 잘라냈다. 그리고 껍질을 벗기고 살코기는 토막 내어 소금에 절였다.

동쪽에서 바람이 불어오면 상어 처리 공장의 냄새가 항구를 가로질러 여기까지 풍겼다. 그런데 오늘은 바람이 북쪽으로 갔다가 약해져서 그 냄새는 희미하게 느껴질 뿐이었다. 테라스는 햇살이 잘 비치고 쾌적했다.

"산티아고 할아버지." 소년이 불렀다.

"뭐냐?"

노인은 맥주잔을 들고 오래전 옛날을 회상하고 있었다.

"내일 필요한 정어리를 갖다드릴까요?"

"아니다. 가서 야구나 하고 놀거라. 난 아직 노를 저을 수 있고 그물은 로헬리오가 던져줄 거야."

"그래도 갖다드리고 싶어요. 할아버지와 함께 배를 타지 못한다면 다른 거라도 도와드리고 싶어요."

"내게 맥주를 사줬잖니. 너도 이제 사내가 되었구나."

"맨 처음 저를 고기잡이에 데려가 주셨을 때 제가 몇 살이었죠?"

"다섯 살이었지. 그때 잡은 고기가 발버둥치는 바람에 배가 부서지고 네가 죽을 뻔했던 거 기억나니?"

"기억나요. 꼬리로 여기저기 후려쳐서 판자가 부서지고 할아버지가 그놈을 몽둥이로 때리셨죠. 그리고 젖은 낚싯줄이 감긴 뱃머리에 저를 내던지셨지요. 배가 요동을 치고 할아버지는 마치 나무를 쓰러뜨리듯 그놈을 때려 눕히셨죠. 저에겐 온통 피비린내가 덮쳤고요."

"진짜로 기억하는 거니, 아니면 내가 그렇게 말해준 거니?"

"우리가 처음으로 같이 고기잡이를 나갔을 때부터 전부 다 기억해요."

햇볕에 탄 노인의 눈은 애정을 담은 자신 있는 시선으로 소년을 바라보았다. "네가 내 아들이라면 너를 데리고 나가 모험을 걸어보고 싶구나. 하지만 네겐 아버지와 어머니가 있고 운이 따르는 배를 타고 있잖아."

"정어리를 갖다 드릴까요? 미끼로 네 마리 쯤 가져올 수 있어요."

"오늘 것도 아직 남았단다. 소금에 절여 두었지."

"싱싱한 것으로 네 마리 갖다 드릴게요."

"한 마리면 된다."

노인이 말했다. 그에겐 아직 희망과 자신감이 엿보였다. 그 자신감은 상쾌한 바람이 지나갈 때 더욱 힘을 얻었다.

"두 마리 드릴게요."

"그럼 두 마리로 하자꾸나." 노인이 동의했다.

"근데 훔친 건 아니지?"

"그럴 수도 있었지만 이건 돈 주고 샀어요."

"고맙구나."

노인은 아주 순박하여 자신이 언제 겸손을 체득했는지 알지 못했다. 하지만 자신이 겸손해졌음을 알게 되었고 그게 부끄러운 일도 아니며 진정한 자존심을 상하게 하는 것도 아니라는 것을 알았다.

"이런 조류라면 내일 날씨는 좋을 것 같구나."

"어디로 가실 건대요?" 소년이 물었다.

"멀리 나갔다가 바람이 바뀌면 돌아와야지. 날이 새기 전에 나가야겠는걸."

"저희 주인 아저씨한테도 멀리 나가서 조업하자고 해볼게요. 그래서 할아버지가 큰 놈을 잡으시면 저희가 도와드릴 수 있잖아요."

"그 사람은 멀리 나가는 걸 달가워하지 않을 거야."

"맞아요. 하지만 저는 새가 사냥을 하는 것처럼, 아저씨가 보지 못하는 것을 볼 수 있으니까 만새기를 쫓아 멀리 나가도록 해볼게요."

"그 사람 눈이 그렇게 나쁘니?"

"거의 장님이나 마찬가지죠."

"이상하구먼. 그 사람은 바다거북 사냥을 간 적도 없는데. 바다거북 사냥을 하면 눈이 망가지거든."

"하지만 할아버지는 모스키토 해안(온두라스와 니카라과에 있는 카리브 해안)에서 여러 해 동안 바다거북 사냥을 하셨지만 눈이 좋으시잖아요."

"난 좀 별난 늙은이지."

"그런데 할아버지는 지금도 아주 큰 고기를 잡으실 만큼 튼튼하시죠?"

"괜찮을 게다. 거기다 내겐 여러 가지 요령도 있거든."

"이제 장비들을 집으로 가져가시죠. 그래야 제가 투망을 가지고 정어리를 잡으러 갈 수 있거든요."

두 사람은 배에서 장비를 집어 들었다. 노인은 어깨에 돛대를 짊어지고 소년은 단단히 꼰 갈색 낚싯줄을 감아 넣은 상자와 갈고리, 작살을 날랐다. 미끼가 든 상자는 커다란 물고기를 제압할 때 쓰는 몽둥이와 함께 선미(배의 뒷부분) 밑에 두었다. 노인의 물건을 훔쳐갈 사람은 없겠지만, 돛과 무거운 낚싯줄은 밤이슬을 맞지 않는 게 좋으니까 집에 가져가는 것이었다. 노인이 생각하기에도 갈고리와 작살을 배에 그냥 두면 동네 사람들에게 괜한 유혹을 일으킬 수도 있다고 생각했다.

두 사람은 언덕길을 걸어 올라가 노인이 사는 판잣집의 열려 있는 문으로 들어갔다. 노인은 돛을 둘둘 감은 돛대를 벽에 기대어 놓았고, 소년은 그 옆에 상자와 다른 장비를 놓았다. 돛대는 그 집의 방 길이만큼 되었다. 판잣집은 구아노(guano)라는 대형 야자수의 질긴 껍질로 만들었는데 집안에는 침대, 식탁, 의자가 하나씩 있고 흙바닥에는 숯불을 피워 요리를 하는 자리가 있었다. 질긴 섬유질의 구아노 잎을 여러 겹 붙인 갈색 벽에는 예수 성심상과 코브레의 성모 마리아 그림이 걸려 있었다. 이것들은 아내의 유품이었다. 전에는 색을 입힌 아내의 사진을 걸어두었지만 볼 때마다 울적한 기분이 들어 구석에 있는 선반의 깨끗한 셔츠 밑에 두었다.

"드실 것 좀 있으세요?" 소년이 물었다.
"노란 밥하고 생선이 있단다. 좀 먹어볼래?"
"아뇨, 집에 가서 먹을게요. 제가 불을 피워드릴까요?"
"아니다. 내가 나중에 피우마. 아니면 그냥 찬밥을 먹을 수도 있고."
"투망을 가져가도 돼요?"
"물론이지."

사실 투망은 없었다. 소년은 노인이 투망을 언제 팔아치웠는지 기억하고 있었다. 하지만 두 사람은 이런 연극 같은 대화를 매일 주고받았다. 노란 밥과 생선도 없다는 것을 소년은 알고 있었다.

"85는 행운의 숫자란다." 노인이 말했.
"내장을 빼내고도 500키로가 넘는 놈을 내가 잡아온다면 어떻겠니?"
"제가 투망을 가져가서 정어리를 잡아올게요. 할아버지는 문간에서 햇볕을 쬐실래요?"
"오냐. 어제 신문이 있으니 야구 기사나 읽으련다."

소년은 어제 신문이 꾸며낸 얘기인지 아닌지 알 수 없었다. 하지만 노인은 침대 밑에서 신문을 꺼냈다.

"보데가(Bodega 스페인어, 식료품점 겸 간이식당)에서 페리코가 준 거란다." 노인은 설명했다.

"정어리를 잡으면 돌아올게요. 할아버지 거랑 제 거랑 함께 얼음에 재웠다가 아침에 나누면 돼요. 제가 돌아오면 야구 얘기를 들려주세요."
"보나마나 양키스가 이기겠지."
"근데 클리블랜드 인디언즈에게 질까 봐 걱정이에요."
"얘야, 양키스를 믿어야지. 그 대단한 디마지오가 있잖니."
"전 디트로이트 타이거즈나 클리블랜드 인디언즈도 만만치 않다고 생각해요."

"정신차려라. 그러다가 신시내티 레즈나 시카고 화이트삭스까지 겁내겠구나."

"잘 읽으시고 제가 돌아오면 말씀해주세요."

"끝자리가 85인 복권을 한 장 사두면 어떻겠니? 내일이 85일째니까."

"그럴 수도 있죠. 하지만 할아버지의 87일이라는 엄청난 기록은 어쩌시고요?"

"그런 일은 다시 오지 않을 거야. 85로 끝나는 복권은 살 수 있겠니?"

"한 장 주문할게요."

"한 장에 2달러 50센트란다. 누구한테 돈을 꿀 수 있을까?"

"그건 쉬워요. 2.5달러 정도면 언제라도 꿀 수 있어요."

"나도 빌릴 수 있을 게다. 하지만 빌리지 않으려고 해. 돈을 빌리게 되면 나중엔 구걸을 하게 되는 거야."

"몸을 따뜻하게 하세요. 할아버지. 지금은 9월이라고요."

"큰 고기를 만나게 되는 철이지. 5월이라면 아무라도 어부 행세를 할 수 있지만 말이다."

"그럼 저는 정어리 잡으러 갈게요." 소년이 말했다.

소년이 돌아왔을 때 노인은 의자에 앉아 잠들어 있었고 해는 져 있었다.

소년은 침대에서 낡은 군용 담요를 가져다가 의자 등받이에 펴서 노인의 어깨를 덮어 드렸다. 노인의 어깨는 늙었지만 아직 힘이 느껴져 묘한 느낌이었다. 목덜미도 여전히 강인해 보였고, 머리를 숙이고 자고 있었기 때문에 목덜미 주름은 눈에 띄지 않았다. 그의 셔츠는 돛과 마찬가지로 여러 군데 천을 대고 기워져 있었는데 햇빛을 받아 모두 제각기 다른 색조로 바래져 있었다. 노인의 머리는 꽤나 늙어 보였고 눈을 감은 얼굴에는 생기가 없어 보였다. 무릎 위에 신문이 펼쳐져 있었지만 노인의 팔이 누르고 있어서 저녁 바람에도 날아가지 않았다. 그의 발은 그냥 맨발이었다.

소년은 노인 곁을 떠나 나갔다가 돌아와 보니 노인은 아직 잠에 빠져 있었다.

"할아버지, 그만 일어나세요." 소년은 한 손을 노인의 무릎에 얹고 말했다. 노인은 눈을 떴지만 머나먼 곳에서 돌아오는 듯 정신을 차리는 데 잠시 시간이 걸렸다. 그는 미소를 지었다.

"뭘 갖고 온 게냐?"

"저녁 먹을거리예요. 함께 드셔야죠." 소년이 말했다.

"그리 시장하지는 않구나."

"어서 드세요. 안 드시면 고기잡이를 못하세요."

"난 그렇게 살아왔는걸." 노인은 말하면서 일어나 신문을 접었다. 그러고는 담요를 갰다.

"담요는 덮고 계세요. 제가 살아 있는 동안은 할아버지가 식사도 안 하시고 고기잡이 나가시는 일은 없을 거예요." 소년이 말했다.

"그럼 네가 오래 살아야겠구나. 몸조심 하거라." 노인이 말했다.

"뭘 먹자는 거냐?"

"까만 콩밥하고 바나나 튀김 그리고 스튜가 있어요."

소년은 테라스에서 두 단으로 된 쇠그릇에 음식을 담아 가져온 것이다. 종이 냅킨으로 싼 나이프, 포크, 스푼 두 세트는 그의 주머니에 들어 있었다.

"이건 누가 준 거냐?"

"주인 마틴 씨예요."

"그 양반에게 고맙다고 인사를 해야겠구나."

"제가 이미 인사했어요. 할아버지는 안 하셔도 괜찮아요." 소년이 말했다.

"큰 고기를 잡게 되면 그에게 뱃살을 줘야겠다. 전에도 우리에게 이런 음식을 베푼 적이 있지?"

"그럴 거예요."

"그러면 생선 뱃살로는 부족하겠군. 우리를 무척이나 생각해 주는구나."

"맥주 두 병도 주셨어요."

"나는 캔맥주를 제일 좋아하는데."

"저도 알아요. 하지만 이건 아투에이(쿠바의 맥주 상표, 스페인의 폭정에 저항운동을 한 영웅의 이름을 딴 것) 병맥주예요. 빈병은 제가 돌려줄 거예요."

"착하구나. 그럼 이제 먹어볼까?"

"아까부터 드시라고 말씀드렸잖아요. 할아버지가 드실 준비가 되지 않아서 아직 뚜껑도 열지 않았어요." 소년이 상냥하게 말했다.

"이제 준비가 되었다." 노인이 말했다.

"손 좀 씻을 시간이 필요했던 것뿐이란다."

어디에서 손을 씻으셨다는 말씀인가? 소년은 생각했다. 마을 수돗물은 두 블록은 걸어 내려가야 하는 거리에 있었다. 할아버지께 물을 길어다 드려야 했다고 소년은 생각했다. 비누와 깨끗한 수건도 필요하시겠어. 내가 왜 그런 생각을 못했을까? 겨울에 입으실 셔츠하고 재킷 그리고 구두하고 담요도 갖다드려야겠어.

"스튜 맛이 아주 그만이구나." 노인이 말했다.

"야구 얘기를 듣고 싶어요." 소년이 청했다.

"아메리칸 리그에선 내가 말한 양키스가 최고지."

"양키스는 오늘 졌어요." 소년이 말했다.

"그건 별 거 아니지. 대단한 디마지오가 다시 실력 발휘를 할 거야."

"양키스엔 다른 선수들도 있잖아요."

"그야 그렇지. 하지만 디마지오는 다른 존재야. 다른 리그(미국 내셔널리그)에선 브루클린하고 필라델피아가 시합을 한다면 나는 브루클린을 택할 거야. 그러면 딕 시슬러가 생각이 나고 또 예전 구장에서 그가 날린 안타들이 생각나는구나."

"시슬러의 안타는 정말 엄청났죠. 제가 본 것 중에 가장 멀리 안타를 날리는 선수였죠."

"그 선수가 테라스에 가끔 왔던 거 생각나니? 고기잡이에 데려가고 싶었지만 쑥스러워서 말을 걸지 못했지. 그래서 내가 말을 걸어보라고 너에게 부탁했지만 너도 무척이나 수줍어해서 말도 못했지."

"생각나요. 그건 큰 실수였어요. 그가 우리와 함께 갔을지도 모르죠. 그럼 평생 자랑거리가 되었겠지요."

"나는 그 대단한 디마지오를 고기잡이에 데려가고 싶다. 사람들이 그러는데 그 사람 아버지가 어부였단다. 아마 그는 우리처럼 가난했을 거고 우리를 이해해줬을 거야."

"시슬러 선수의 아버지는 가난하지 않았어요. 그 아버지가 제 나이 때 이미 메이저리그에서 경기를 하고 있었어요."

"내가 네 나이 때는 아프리카까지 가는 가로돛을 단 범선의 선원이었단다. 저녁이면 해변에서 사자를 보곤 했지."

"알아요. 말씀해주셨어요."

"아프리카가 좋을까 야구가 좋을까?"

"야구 얘기가 좋아요. 대선수 존 호타 맥그로(1900년대 초부터 1932년까지 뉴욕 자이언츠에서 활약한 선수 겸 감독)에 대해 얘기해주세요." 소년은 J를 호타(스페인어 발음)라고 발음했다.

"그 선수도 예전에는 테라스에 오곤 했어. 근데 술만 마시면 난폭하고 말도 거칠어져서 상대하기 힘들었어. 그리고 야구 못지않게 경마에 빠져 주머니엔 경주마 명단을 갖고 다녔지. 틈만 나면 전화로 경주마 이름을 말하더구나."

"그는 굉장한 감독이었어요. 저희 아버지가 그러시는데 가장 위대한 감독이었대요." 소년이 말했다.

"그건 맥그로가 여기 자주 왔기 때문이지. 만일 듀로셔(1940~50년대까지 브루클린 다저스와 뉴욕 자이언츠 감독을 맡음)가 매

넌 여기에 왔다면 네 아마도 아버지는 그 사람을 최고라고 얘기했을 거다." 노인이 말했다.

"그러면 누가 최고의 감독일까요? 루케와 마이크 곤잘레스 중에서요."

"내 생각에 두 사람은 비슷한 수준이야."

"그리고 뱃사람 중에 최고는 할아버지세요."

"아니다. 나보다 나은 사람들을 알고 있단다."

"케 바(스페인어로 '천만에요'). 세상엔 유능한 어부들이 많고 더러는 아주 뛰어난 어부도 있지만, 할아버지만한 사람은 없어요." 소년이 말했다.

"고맙구나. 넌 나를 기분 좋게 만드는구나. 너무나 큰 고기가 걸려서 우리 생각이 틀렸다는 것을 증명하지나 않았으면 좋겠구나."

"그런 고기는 없어요. 할아버지께서 말씀하신대로 아직 기력이 좋으시면은요."

"내 생각만큼 그렇게 강하지 않을지도 모르지. 하지만 난 수많은 기술과 정신력이 있단다."

"내일 아침에 기운을 내시려면 이제 그만 주무세요. 저는 이것들을 테라스에 돌려줘야 해요."

"그럼 너도 잘 자거라. 내일 아침에 너를 깨우러 가마."

"할아버지가 제 자명종이세요." 소년이 말했다.

"내겐 나이가 자명종이지. 늙은이들은 왜 그렇게 일찍 일어나는 걸까? 하루를 좀 더 오래 살고 싶은 걸까?"

"저는 모르죠. 제가 아는 건 아이들은 늦게 자고 깊이 잠든다는 거죠."

"나도 그건 기억이 난다. 너는 내가 늦지 않게 깨워주마."

"주인 아저씨(선주)가 깨워주는 건 싫어요. 제가 못난 놈이 된 것 같아서요."

"이해한다."

"할아버지, 안녕히 주무세요."

소년은 나갔다. 그들은 불도 켜지 않고 식사를 마쳤다. 컴컴한 곳에서 노인은 바지를 벗고 잠자리에 들었다. 바지로 신문지를 둘둘 말아 베개를 만들고, 담요로 몸을 둘둘 말고, 침대 스프링을 신문으로 덮고 그 위에 누웠다.

노인은 금방 잠들었고, 소년 시절에 갔었던 아프리카 꿈을 꾸었다.

길게 펼쳐진 황금빛 해변, 눈이 부셔 쳐다보기 힘든 새하얀 해변, 높이 솟은 곶과 거대한 갈색 산맥이 나타났다. 요즘 그는 이 해변에서 매일 살다시피 했다. 성난 파도소리를 들었고 노를 저어 다가오는 원주민의 배들도 보았다. 노인은 잠결에 갑판의 타르 냄새와 뱃밥(낡은 밧줄을 풀어 배가 새지 않도록 틈새를 메우는 것) 냄새를 맡았고, 아침마다 뭍에서 불어오는 미풍에 담긴 아프리카의 냄새를 맡았다.

평소에는 미풍에 실린 뭍바람 냄새를 맡으며 일어나 옷을 챙겨 입고 소년을 깨우러 갔다. 그런데 오늘밤은 뭍바람 냄새가 아주 일찍 풍겨왔다. 꿈속에서도 너무 이르다는 생각을 하고, 이어서 바다 위에 솟은 섬들의 하얀 봉우리들, 그리고 카나리아 군도(아프리카 북서부 대서양에 있는 7개의 스페인령 섬들)의 많은 항구들과 난바다의 정박지도 펼쳐졌다.

그는 더 이상 폭풍우나 여자들의 꿈을 꾸지는 않게 되었다. 큰 사건들이나 큰 물고기나 싸움이나 힘자랑하기나 먼저 떠난 아내도 더 이상 꿈에 나타나지 않았다. 이제는 꿈에서 여러 지역이나 해변에 나타난 사자들만 보게 되었다. 사자들은 해질 무렵 어린 고양이들처럼 뛰어놀았다. 노인은 소년을 사랑하는 만큼이나 사자들을 사랑했다. 꿈에서 소년을 본 적은 없었다. 문득 잠에서 깬 노인은 열린 문틈으로 달을 쳐다보고 둘둘 말아놓은 바지를 펴서 입었다. 그는 판잣집 밖에 나가서 소변을 보고, 소년을 깨우러 길을 걸어 올라갔다. 새벽 한기에 몸이 떨렸다. 하지만 그는 몸이 떨리지만 잠시 후면 몸이 따뜻해지고 또 바다에서 노를 젓게 되리라고 생각했다.

소년이 사는 집은 문이 잠겨있지 않았다. 그는 문을 열고 맨발로 조용히 들어갔다. 소년은 첫 번째 방 간이침대에서 자고 있었다. 기울어가는 달빛으로 노인은 소년의 모습을 또렷이 확인할 수 있었다. 그는 소년의 한쪽 발을 부드럽게 쥐었다. 잠시 후 소년이 눈을 뜨고 고개를 돌려 노인을 바라보았다. 노인은 고개를 끄덕여 보였고, 소년은 침대 옆 의자에 걸친 바지를 집어 침대에 앉아 입었다.

노인이 밖으로 나가자 소년도 따라 나왔다. 소년은 아직 졸음과 싸우고 있었고, 노인은 소년의 어깨에 팔을 걸치고 말했다.
"미안하구나."
"케 바. 남자라면 당연히 해야 할 일이죠." 소년이 말했다.
두 사람은 노인의 판잣집까지 걸어 내려갔다. 컴컴한 길에는 맨발의 사내들이 그들 배의 돛대를 짊어지고 걷고 있었다.

노인의 판잣집에 도착하자 소년은 바구니에 든 낚싯줄 감은 것과 작살, 갈고리를 들었고 노인은 돛을 감은 돛대를 어깨에 멨다.

"커피 드시겠어요?" 소년이 물었다.
"이것들을 배에 가져다 놓고 나서 함께 마시자꾸나."
두 사람은 새벽부터 어부들을 상대하는 가게에서 연유깡통에 커피를 받아 마셨다.

"잘 주무셨어요?" 소년이 물었다. 소년은 아직 졸음을 떨치지 못했지만 이제 좀 정신이 들기 시작했다.
"아주 잘 잤다. 마놀린." 노인이 대답했다. "오늘은 자신감이 생기구나."
"저도 그래요. 그럼 할아버지와 제몫의 정어리하고 미끼를 가져와야겠어요. 할아버지의 새 미끼하고요. 저희 배의 주인 아저씨는 장비를 꼭 직접 나르세요. 절대로 남에게 시키지 않아요."

"우리는 다르지. 나는 네가 다섯 살 때부터 물건을 나르게 했지." 노인이 말했다.

"저도 알아요. 금방 돌아올게요. 커피 한 잔 더 드시고 계세요. 여기는 우리가 외상이 통하니까요."

소년은 맨발로 산호 자갈길을 걸어 미끼를 저장해둔 얼음 창고로 갔다.

노인은 커피를 천천히 마셨다. 하루 종일 달리 아무것도 먹지 못할 것이므로 커피는 꼭 마셔야 했다. 오래 전부터 먹는 것이 귀찮아져서 점심을 싸가는 일이 없었다. 뱃머리에 둔 물 한 병만으로 하루를 견디는 것이었다.

소년은 정어리와 신문으로 싼 미끼 두 마리를 가지고 돌아왔다. 두 사람은 발밑으로 자갈 모래를 느끼면서 배가 있는 곳까지 걸어갔다. 그리고 조각배를 들어 바닷물에 밀어 넣었다.

"행운을 빌어요, 할아버지."

"행운을 빈다." 노인이 말했다. 그는 노를 묶어놓은 밧줄을 노걸이 못에 맸다. 그리고 몸을 앞으로 숙여 물속에 노를 힘차게 저어 캄캄한 항구를 빠져 나갔다. 다른 해변에서도 배들이 바다로 나아가고 있었다. 달이 산 너머로 져버려서 다른 배들을 볼 수는 없었지만, 노 젓는 물소리가 들렸다.

어쩌다 배에서 누군가 말하는 소리가 들렸다. 하지만 대부분의 배들은 노 젓는 소리만 낼뿐이었다. 항구를 벗어나자 배들은 뿔뿔이 흩어져서 각자 고기를 잡으려는 해역으로 향했다. 노인은 멀리 나갈 생각이었으므로 뭍 냄새를 뒤로 하고 새벽의 신선한 바다 냄새를 향해 노를 저었다. 어부들이 '큰 우물'이라 부르는 곳까지 갔을 때 노인은 해초가 인광(어둠 속에서 나타나는 빛)을 발하고 있는 것을 보았다. 그곳은 바다 수심이 갑자기 700패덤(약 1,280m)이나 깊어지기 때문에 그런 이름이 붙은 것이었다. 이곳 해류가 해저의 가파른 경사면에 부딪쳐 소용돌이를 만들기 때문에 수많은 종류의 물고기들이 모여드는 것이었다. 여기엔 새우와 미끼고기들이 떼를 지어 모여 있고, 가장 깊은 곳에는 오징어 떼도 있었는데 밤이 되면 수면까지 올라와 어슬렁거리는 물고기들의 먹잇감이 되었다.

어둠 속에서도 노인은 새벽이 다가오는 것을 느낄 수 있었다. 노를 저으면서 그는 날치가 수면 위로 솟구치면서 몸을 떠는 소리와, 어둠 속에서 빳빳한 날개가 만들어내는 쉭쉭하는 소리를 들었다. 그는 날치를 무척 좋아하여 바다에서 첫째가는 친구라고 여겼다. 하지만 새는 불쌍하게 생각했다. 특히 작고 연약한 어두운 색깔의 제비갈매기는 먹이를 찾아내려고 날아다니지만 언제나 허탕을 치는 것이었다. 그래서 그는 생각했다. 약탈하는 새나 힘센 새를 제외하면 새들은 인간보다 더 힘겨운 삶을 살아가는구나. 바다는 몹시 잔혹해질 수도 있는데 제비갈매기들은 왜 이렇게 여리고 가냘프게 만들어졌을까? 바다는 친근하고 무척 아름답지. 하지만 바다는 몹시 잔혹해지기도 하는데 그런 순간은 갑자기 찾아오는 거야. 그런데 수면에 부리를 쪼아 사냥하며 작고 구슬픈 소리로 우는 그런 새들은 바다에서 살아가기엔 너무 연약하게 만들어졌어.

노인은 항상 바다를 '라 마르(la mar 스페인어로 여성 대명사)'라고 생각했다. 이 말은 사람들이 바다에 애정을 가지고 부르는 표현이었다. 바다를 사랑하는 사람들도 때로는 바다에 대해 욕을 하기도 하지만 언제나 바다를 여성형으로 부르는 것이었다. 뱃사람들 중 어떤 젊은이들은 낚시찌 대신 부표를 사용하고, 상어 간을 팔아 제법 돈을 벌어 모터보트를 가진 사람들은 바다를 남성형으로 '엘 마르(el mar)'라고 불렀다. 그들은 바다를 경쟁자나 일터, 심지어 적대자인 것처럼 얘기했다. 하지만 노인은 언제나 바다를 여성으로 생각하여 큰 선물을 베풀거나 또는 허락하지 않는 존재라고 생각했다. 바다가 거칠어지거나 재앙을 일으켜도 그런 것은 바다도 어쩔 도리가 없이 그러는 것이다. 달이 여자에게 영향을 미치듯 바다에도 그러는 것이라고 노인은 생각했다.

노인은 계속 노를 저었다. 해류가 가끔 소용돌이치는 곳을 제외하면 바다는 아주 잔잔했고, 노인이 노를 젓는 속도가 일정했기 때문에 별로 힘들지 않았다. 노인은 노 젓는 힘의 삼분의 일을 해류에 맡겼다. 그래서 동이 틀 무렵에 그는 이미 그 시간에 원했던 곳보다 멀리 나와 있었다.

나는 깊은 우물에서 일주일이나 작업을 했지만 헛수고였어, 라고 노인은 생각했다. 오늘은 가다랑어와 날개다랑어 떼가 있는 곳으로 가봐야겠군. 큰 놈이 그 중에 섞여 있을지도 몰라.

완전히 동이 트기 전에 그는 미끼를 드리우고 바닷물이 흐르는 대로 배를 내맡겼다. 첫 미끼는 70미터 아래로 드리웠다. 두 번째 미끼는 130미터 깊이였고, 세 번째와 네 번째는 180미터와 220미터까지 깊은 바닷속에 담겼다. 미끼고기들은 머리를 아래로 향하도록 낚싯바늘의 곧은 부분은 미끼고기의 몸통을 꿰뚫고 있었다. 바늘의 구부러진 끝 부분에는 신선한 정어리가 감싸고 있었다. 튀어나온 부분은 정어리의 두 눈을 꿰뚫어 반원형 화환처럼 보였다. 낚싯바늘의 어느 부분도 큰 고기에게 달콤하고 구미가 당기지 않는 부분은 없었다.

소년이 노인에게 준 날개다랑어 두 마리는 가장 깊숙이 드리운 낚싯바늘에 추처럼 달아놓았고, 다른 낚싯줄에는 푸른 전갱이와 갈전갱이를 매달아 놓았다. 이것들은 전에 사용했던 것이지만 아직 충분히 괜찮은 상태였고, 이들과 더불어 유혹을 할 싱싱한 정어리도 매달았다. 큰 연필만큼 굵은 낚싯줄은 녹색 찌가 묶여 있어서 고기가 미끼를 잡아당기거나 건드리면 녹색 막대형 찌가 물속에 잠기게 되는 것이다. 어느 낚싯줄이나 70미터 길이의 밧줄이 두 줄씩 달려 있고, 여차하면 여분의 줄을 연장할 수도 있으므로 물고기가 500미터 넘게 줄을 끌고 가게 할 수도 있었다.

이제 노인은 조각배의 측면 너머로 낚시찌 막대 세 개가 기우는지 지켜보면서 조심스레 노를 저으며 낚싯줄이 적당한 수심에서 팽팽하게 드리워지도록 했다. 이제 사방이 상당히 밝아져서 금방이라도 해가 떠오를 것 같았다.

해가 바다 위로 살짝 모습을 보이자 노인은 다른 배들을 볼 수 있었다. 다른 배들은 수면에 바짝 붙어 해안 쪽으로 뒤처져 조류 너머에 흩어져 있었다. 해가 점점 더 빛을 더하더니 이윽고 수면 위로 떠올라 바다에 빛을 쏟아놓았다. 수면은 햇빛을 반사하여 노인은 눈이 부셔 그쪽을 안 보고 노를 저었다. 그는 물속을 내려다보고 깊은 어둠속으로 줄이 곧게 내려갔는지 확인했다. 그는 누구보다도 낚싯줄을 곧고 팽팽하게 드리울 수 있었는데, 그렇게 해야만 그가 원하는 깊이에 미끼를 위치시키고 물고기가 지나가기를 기다릴 수 있는 것이었다. 다른 어부들은 낚싯줄을 해류에 떠다니도록 두었기 때문에 미끼가 180미터 깊이에 있다고 생각하지만 실제로는 100미터 깊이에 있는 경우가 많았다.

하지만 나는 그것을 정확히 드리울 수 있지. 그는 생각했다. 내게 운이 없는 것뿐이야. 하지만 아무도 모르는 거지. 오늘이라도 운이 찾아올지. 하루하루는 새로운 날이야. 운이 따르면 더 좋겠지. 하여간 나는 정확히 하는 걸 택하겠어. 준비된 자에게 행운이 찾아오는 거니까.

해가 솟아오른 지 두 시간이 지나자 동쪽을 바라보아도 눈이 부시지 않았다. 이제 시야에 들어오는 배는 세 척밖에 없었다. 그것도 아주 멀리 해안 쪽으로 수면에 밀착되어 보였다.

이른 아침 해는 평생 내 눈을 괴롭혔지. 그는 생각했다. 하지만 내 눈은 아직 괜찮아. 저녁 해는 똑바로 바라봐도 눈이 침침해지지 않지. 사실 저녁 햇살이 더 강력한 것인데, 눈을 아프게 하는 건 아침 해야.

바로 그 순간 그는 군함새 한 마리가 검은 날개를 펴고 앞쪽 하늘을 맴도는 것을 보았다. 새는 날개를 뒤로 젖히고 비스듬히 곤두박질쳤다가 다시 하늘을 둥글게 선회했다.

"저놈이 뭔가 찾아냈구나. 그냥 사냥감을 찾고 있는 건 아니야." 노인이 소리쳤다.

노인은 새가 빙빙 도는 곳을 향해 천천히 계속 노를 저었다. 서두르지는 않으면서 낚싯줄이 팽팽하도록 유지했다. 새를 이용하지 않을 때보다는 빠르긴 했지만 물고기를 제대로 잡아 올릴 수 있도록 해류 속으로 배를 진입시켰다.

새는 다시 공중으로 더 높이 솟아올라 날개를 움직이지 않고 재차 선회비행을 했다. 그때 새는 갑자기 수면으로 곤두박질쳤고, 노인은 날치가 수면 위로 튀어올라 필사적으로 날아가는 것을 보았다.

"만새기다!" 노인이 큰소리로 외쳤다. "아주 큰 만새기야!"

노인은 노를 거둬들이고 뱃머리 밑에서 작은 낚싯줄을 꺼냈다. 철사 목줄에는 중간 크기의 낚싯바늘이 달려 있는데 노인은 거기에 정어리 한 마리를 미끼로 끼웠다. 미끼를 배 측면으로 던지고 낚싯줄은 선미 쪽 고리에 단단히 묶었다. 그러고 나서 다른 낚싯바늘에 미끼를 끼우고 줄은 말아서 뱃머리 그늘에 놓았다. 그는 다시 노를 저으면서 긴 날개를 가진 검은 군함새가 낮게 날며 사냥하는 것을 지켜보았다.

그가 지켜보니 그 새는 날개를 기울이고 다시 수면까지 급강하하여 요란하게 날개를 푸드덕거리며 날치를 추격했다. 노인은 수면이 살짝 부풀어 오르는 것을 볼 수 있었다. 큰 만새기가 달아나는 날치를 쫓아 수면까지 올라온 것이다. 만새기는 날아가는 날치 아래쪽 물밑에서 물살을 가르며 나아가다가 날치가 아래로 떨어지면 번개같이 낚아채려는 속셈이었다. 엄청난 만새기 떼로군, 노인은 생각했다. 만새기들이 넓게 퍼져 있어서 날치가 무사할 가망은 희박하겠군. 군함새에게도 가능성은 없어. 새에겐 날치가 너무 크고 달아나는 속도가 무척 빠르니까.

노인이 지켜보니 날치가 여러 번 거듭하여 물 위로 튀어오르고 새가 계속 허탕을 치는 것이었다. 만새기 떼는 멀리 가버렸군. 노인은 생각했다. 그 놈들은 너무 빠르고 이미 멀리 떨어져 있어. 하지만 운이 좋다면 무리에서 헤매는 놈 한 마리를 잡게 될지도 몰라. 내가 찾는 큰 놈이 만새기 떼 주변에 있을지도 모르지. 내가 찾는 놈은 어딘가에 있어.

뭍에는 구름이 마치 산처럼 피어올랐고 해변은 그저 한 가닥 녹색 실선으로 보이고 그 뒤로 푸른 산들이 있었다. 바닷물은 이제 보라색에 가까운 어두운 청색을 띠고 있었다. 어두운 바닷속에는 체로 친 듯한 붉은 플랑크톤이 뿌려져 있었고 햇빛이 비쳐 기묘한 색조를 띠고 있었다. 노인은 낚싯줄이 물속으로 똑바로 드리워졌는지 확인했고 수많은 플랑크톤을 보고는 흐뭇한 기분이 들었다. 그것은 물고기도 많이 있다는 의미이기 때문이다. 해가 높이 떠 있는 지금 물속에 기묘한 색조가 어른거리는 것은 날씨가 쾌청해질 징조였다. 그것은 육지 위에 떠 있는 구름 모양으로도 알 수 있었다. 하지만 이제 그 새는 보이지 않았고, 바다 위에는 햇볕에 바래서 누렇게 된 해초가 여기저기 떠 있을 뿐 아무것도 보이지 않았다. 뱃전(배의 양쪽 가장자리 부분) 근처에는 고깔해파리의 끈적거리는 보랏빛 기포가 무지개 빛깔로 반사되고 있었다. 고깔해파리는 옆으로 누워 있다가 몸을 일으켜 세우곤 했다. 놈은 1미터나 되는 치명적인 보랏빛 촉수를 물속에 늘어뜨리고 거품처럼 경쾌하게 떠다녔다.

"아구아말라(스페인어로 해파리, 글자로는 '유해한 물'이란 뜻)구나." 노인이 중얼거렸다. "갈보처럼 추악한 것."

노를 잡고 가볍게 움직이면서 그는 물속을 들여다보았다. 해파리의 촉수와 같은 색깔을 띤 작은 물고기들이 수많은 촉수 사이를 헤엄치거나 해파리가 만든 그늘에 모여 있었다. 사람과 달리 물고기들은 해파리의 독에 면역이 있는 것이다. 그래서 촉수들이 낚싯줄에 붙어 노인이 고기를 잡아 올릴 때 그것에 닿게 되면, 마치 담쟁이덩굴 독이나 옻나무 독이 오른 것처럼 손이나 팔에 물집이 생기거나 부어오르게 된다. 그런데 아구아말라의 독은 더 빨리 퍼지고 마치 채찍을 맞은 것처럼 부은 자국이 생겼다.

무지개 색깔을 띤 거품은 아름다웠다. 하지만 이것들은 바다에서 가장 '거짓된' 생물이었으므로, 노인은 덩치 큰 바다거북이 그것들을 잡아먹는 것을 보면 기분이 좋았다. 바다거북이 그것들을 발견하면 정면으로 접근하여 눈을 질끈 감고 몸을 등딱지 속에 감추고는 해파리를 촉수까지 모조리 먹어치웠다. 노인은 바다거북이 해파리를 먹어치우는 걸 구경하는 것도 좋아했지만 폭풍우가 지나고 나서 해변에서 해파리를 짓밟는 것도 좋아했다. 단단한 구두 뒤축으로 해파리를 밟을 때 퍽하고 터지는 소리를 듣는 것도 좋았다.

그는 우아하고 민첩하며 몸값도 비싸기 때문에 녹색 바다거북과 대모거북을 좋아했다. 하지만 덩치가 크고 둔한 붉은거북은 친근하지만 경멸스러웠다. 그들은 등딱지가 누렇고 교미하는 모습도 이상하며 눈을 감고 기분 좋게 고깔해파리를 먹어치우는 것이었다.

노인은 오랜 기간 동안 바다거북 사냥 배를 탄 적이 있었지만 바다거북에 대해 신비감은 없었다. 거북이는 종류와 상관없이 불쌍하게 생각되었다. 몸길이가 노인의 조각배만 하고 무게가 1톤이나 나가는 대형거북까지도 불쌍했다. 거북은 몸통을 토막내도 심장은 몇 시간이나 더 뛰기 때문에 대부분의 사람들이 거북에 대해 무자비했다. 하지만 노인은 생각했다. 내 심장도 그것과 비슷하고 내 팔다리도 그것들과 크게 다를 게 없어. 그는 힘을 내기 위해 거북의 흰 알을 먹었다. 그는 9월과 10월에 아주 큰 놈을 잡기 위해 5월 내내 바다거북의 알을 먹고 스태미너를 비축한 것이다.

그는 또한 많은 어부들이 장비를 맡겨두는 판잣집에 가서 큰 드럼통에 담긴 상어간유를 매일 한 컵 마셨다. 그것을 원하는 어부는 누구나 마실 수 있었지만 대개는 그 맛을 혐오했다. 하지만 아침에 일찍 일어나는 것보다 힘들지는 않을 것이다. 게다가 그걸 마시면 온갖 감기나 독감에도 약효가 있고 시력에도 좋았다.

노인이 고개를 들어보니 군함새가 다시 나타나 선회하고 있었다.

"새가 고기를 찾아냈구나!" 노인이 큰소리로 말했다. 날치가 수면을 헤치고 나타난 것도 아니고 미끼고기가 흩어져 있는 것도 아니었다. 하지만 노인이 지켜보니 작은 다랑어 한 마리가 공중으로 솟아올랐다가 물속으로 들어갔다. 다랑어는 햇빛을 받아 은색으로 반사되었고, 이후 다른 다랑어들이 잇달아 뛰어올라 여기저기 물속으로 뛰어들었다. 다랑어들은 물을 휘젓고 미끼를 쫓아 멀리 뛰어올랐다. 미끼 주위를 맴돌면서 그것을 몰고 가고 있었다.

놈들이 너무 빨리 가지만 않으면 나도 저 안에 들어갈 텐데, 노인은 생각했다. 그는 하얗게 물거품을 일으키는 다랑어 떼와 겁에 질려 수면 위로 올라온 미끼고기를 노리고 물속으로 부리를 찌르는 군함새를 지켜보았다.

"새가 큰 도움이 되는구나." 노인이 말했다. 바로 그때 한 바퀴 감아서 발로 밟고 있던 배 뒤쪽 낚싯줄이 팽팽해졌다. 그는 양쪽 노를 내려놓고 낚싯줄을 꽉 잡고 끌어당기면서 미끼를 물고 부르르 떠는 작은 다랑어의 무게를 느꼈다. 줄을 당길수록 진동의 힘이 커졌다. 얼마 후 물속에서 고기의 푸른 등과 황금빛 옆구리가 보이자 노인은 뱃전에서 안쪽으로 휙 낚아챘다. 선미 바닥에 햇볕을 받고 누워있는 다랑어는 마치 탄탄한 총알을 연상케 했다. 놈은 멍한 눈을 뜨고 미끈하고 민첩한 꼬리로 배 판자를 후려치며 발버둥치고 있었다. 노인은 자비로운 마음으로 떨고 있는 놈의 머리를 후려치고 선미 쪽 그늘 아래로 걷어찼다.

"날개다랑어군. 훌륭한 미끼로 쓸 수 있겠어. 약 5킬로그램은 나가겠는 걸." 노인이 큰 소리로 말했다.

그는 언제부터 혼자 있을 때도 큰 소리로 말하기 시작했는지 기억이 나지 않았다. 옛날엔 혼자 있을 때 노래를 불렀다. 활어선이나 거북잡이 배에서 야간 당번을 맡았을 때도 노래를 부르곤 했다. 큰소리로 혼잣말을 하는 버릇이 생긴 것은 소년이 이 배를 떠난 다음인 것 같았다. 확실한 기억은 아니다. 그가 소년과 함께 고기잡이를 할 때는 필요할 때만 말을 했다. 두 사람이 대화를 나누는 경우는 밤이나 폭풍우 같은 악천후로 힘겨울 때였다. 바다에서는 불필요한 말을 하지 않는 것을 어부들은 미덕으로 생각했고 노인은 이를 충실히 존중했다. 하지만 지금은 큰 소리로 자기 생각을 떠들어대도 신경 쓸 사람이 없었다.

"남들이 내가 큰소리로 지껄이는 걸 들으면 내가 미쳤다고 생각할 거야. 하지만 내가 미친 건 아니니까 상관없어. 돈 있는 뱃놈들은 라디오를 갖추고 야구중계를 듣고 있겠지." 노인이 큰 소리로 말했다.

지금은 야구 생각을 할 상황이 아냐. 그는 생각했다. 지금은 한 가지만 생각해야 해. 그걸 위해 내가 태어난 거지. 저 고기떼 주변에 큰 놈이 있을지도 몰라. 나는 먹이를 먹다가 무리에서 벗어난 다랑어 한 마리를 잡은 것뿐이야. 하지만 그놈들은 이미 멀리 번개같이 내빼고 있어. 오늘 수면에 나타난 놈들은 모두 북동쪽으로 아주 빨리 달아나고 있어. 하루 중 그런 때가 된 건가? 아니면 내가 모르는 어떤 날씨의 징조인가?

이제 녹색의 해안선은 보이지 않고, 그 위로 푸른 산의 능선만이 눈이 내린 것처럼 하얗게 보일 뿐이었다. 바다는 아주 컴컴하고 햇빛은 물속에서 프리즘처럼 무지개 색을 보여주었다. 이제 무수한 플랑크톤 떼도 대낮의 햇볕에 사라져버렸고, 노인의 눈에 보이는 것은 바다 깊숙이에서 반짝이는 오색 빛과 1,600미터 깊이의 바다에 수직으로 드리운 낚싯줄뿐이었다.

다랑어는 다시 물속으로 자취를 감췄다. 어부들은 그런 종류의 고기를 모두 다랑어라고 불렀고, 팔 때나 미끼고기와 바꿀 때만 제대로 구별해서 이름을 불렀다. 이제 햇볕이 뜨거워져서 노인은 목덜미가 따가워졌다. 노를 젓는 그의 등에 땀이 줄줄 흘렀다.

이제 배를 조류에 맡기고 한숨 잘까, 노인은 생각했다. 낚싯줄을 발가락에 묶고 있으면 자더라도 금방 깰 수 있을 거야. 근데 오늘이 85일째이니까 잘 해야 해.

바로 그때, 낚싯줄을 지켜보던 그는 녹색 찌가 급격히 물속으로 들어가는 것을 봤다.

"좋아." 그는 말했다. "그래!" 그는 배에 부딪치지 않도록 노를 거두어들였다. 팔을 뻗어 오른손 엄지손가락과 집게손가락으로 낚싯줄을 가만히 잡았다. 물고기가 끌어당기는 힘이나 무게는 없었지만 일단은 가볍게 붙잡고 있었다. 다시 감촉이 찾아왔다. 힘 있게 당기는 것이 아니라 시험 삼아 건드려 보는 감촉이었다. 노인은 정확히 느낄 수 있었다. 물속 180미터 아래에서는 청새치가 낚싯바늘을 둘러싼 정어리를 맛보는 중이었다. 노인이 만든 낚싯바늘이 작은 다랑어 머리를 꿰뚫고 삐져나와 있었다.

노인은 낚싯줄을 가만히 붙잡고 왼손으로 낚싯줄을 풀어놓아 고기로 하여금 아무런 긴장도 느끼지 못하게 했다.

이렇게 멀리까지 나왔고 9월이니만치 아주 큰놈이겠지. 노인은 생각했다. 먹어라, 물고기야, 먹으라고. 어서 먹으렴. 미끼가 얼마나 싱싱한 놈인데. 너는 차갑고 어두운 180미터 물속에 있잖아. 어둠 속을 한 바퀴 돌고 와서 먹어주려무나.

노인은 조심스럽고 가벼운 당김을 느꼈고, 그 다음엔 더욱 세게 당기는 것이 느껴졌다. 정어리 머리를 바늘에서 떼어내기가 힘든 모양이었다. 그러고는 아무 반응도 없었다.

"뭐해." 노인이 소리쳤다. "한 번 더 와봐라. 그냥 냄새만 맡아보렴. 먹음직스럽지 않니? 양껏 먹어봐. 다랑어도 있잖아. 탱탱하고 차갑고 먹음직스럽다고. 어려워하지 마. 먹어봐."

노인은 엄지손가락과 집게손가락으로 낚싯줄을 잡고 가만히 지켜보았다. 동시에 놈이 위아래로 이동하여 다른 미끼를 먹을 수도 있으니까 다른 줄도 주시했다. 그랬더니 잠시 후 똑같은 입질 감촉이 찾아왔다.

"이제 미끼를 먹겠지." 노인이 소리쳤다. "하느님, 놈이 미끼를 먹도록 도와주소서."

하지만 놈은 미끼를 물지 않았다. 놈은 사라지고 노인의 손에는 아무런 느낌도 없었다.

"그냥 가버렸을 리는 없는데." 노인이 말했다.

"절대로 가버렸을 리는 없어. 한 바퀴 돌고 있는 거야. 전에 낚시에 걸린 적이 있어서 기억을 하는 모양이야."

그 순간 낚싯줄에 부드러운 반응이 왔고 노인은 기분이 좋아졌다.

"역시 한 바퀴 돌고 온 거야. 이제 미끼를 물겠지."

가볍게 당기는 감촉에 노인은 기분이 좋았으나, 곧 이어 믿어지지 않을 만큼 묵직하고 단단한 힘이 느껴졌다. 그것은 분명 물고기의 무게였다. 그는 낚싯줄을 계속 풀어주고 여분으로 준비한 두 뭉치의 줄 가운데 하나도 풀기 시작했다. 낚싯줄이 손가락 사이로 풀려 내려가는데, 손가락에 힘을 주진 않았지만 엄청난 무게를 느낄 수 있었다.

"엄청난 놈이야. 그놈이 미끼를 주둥이 옆으로 물고 달아나고 있어."

이제 놈은 한 번 돌고 미끼를 삼킬 테지. 그는 생각했다. 하지만 입 밖에 소리를 내지는 않았다. 왜냐하면 좋은 일은 미리 말을 해버리면 이루어지지 않는다는 것을 알고 있기 때문이다. 놈이 엄청난 대어임을 알아챈 노인은 캄캄한 물속에서 다랑어를 문 채 도망치려는 모습이 그려졌다. 바로 그 순간 놈의 중량감은 느껴졌지만 움직임은 정지했다. 그리고 당기는 중량감이 점점 무거워지자 그는 줄을 더 풀어주었다. 그가 잠시 엄지손가락과 집게손가으로 압력을 가하자 대어의 중량은 더욱 무거워지며 곧장 아래로 내려가는 것이었다.

"놈이 미끼를 물었어. 이제 편하게 먹도록 기다려줘야지."
노인이 말했다.

노인은 손가락 사이로 줄을 풀어주면서 왼손을 뻗어 예비용 낚싯줄 두 개 끝에 또 다른 낚싯줄 두 뭉치를 단단히 묶어 연결시켰다. 이제 해야 할 준비가 끝난 셈이다. 지금 풀어주고 있는 줄 말고도 70미터짜리 낚싯줄 뭉치가 세 개가 더 있는 것이다.

"많이 잡수시게나, 천천히 드시게."

낚싯바늘 갈고리가 심장을 찢어 숨통을 끊을 때까지 꿀꺽 삼키시게나. 그는 생각했다. 자, 이제 떠올라야지. 내가 작살로 푹 찌를 수 있도록. 좋아. 이제 준비되었나? 그만하면 식사할 시간은 충분했겠지?

"바로 이때다!"

노인은 이렇게 외치며 손뼉을 치고 나서 양손으로 있는 힘껏 줄을 잡아당겼다. 다시 두 팔의 힘과 온몸의 무게를 실어 팔을 번갈아 내밀면서 줄을 당겼다.

하지만 놈은 반응이 없었다. 놈은 오히려 천천히 달아나는데 노인은 조금도 이쪽으로 끌어당기지를 못했다. 그 낚싯줄은 원래 대어를 잡기 위한 것이라 튼튼한 줄이었다. 줄을 어깨에 팽팽히 걸치고 있으니 물방울이 튀었다. 그러더니 물속에서 쉿쉿 하는 소리가 났다. 노인은 자리에 앉아 몸을 뒤로 버티고 줄을 당기고 있었다. 배는 북서쪽으로 천천히 움직이고 있었다.

놈은 일정한 속도로 헤엄쳤다. 조각배와 대어는 잔잔한 바다를 천천히 헤쳐 움직였다. 다른 미끼들은 물속에 있었지만 어쩔 도리가 없었다.

"그 아이가 있으면 좋을 텐데." 노인이 큰 소리로 말했다.

"나는 지금 고기에게 끌려가는 중인데, 밧줄을 내 몸에 걸고 있으니 밧줄걸이 신세가 된 셈이네. 이 줄을 어딘가에 묶어놓을 수도 있지만 그러면 놈이 끊어버릴 거야. 버틸 수 있을 때까지 꼭 붙잡고 있어야 해. 필요하면 줄을 더 풀어줘야 하고. 그래도 깊이 물 속으로 들어가지 않고 옆으로 달아나는 것만으로도 고마운 일이지."

그는 물고기에게 끌려가면서도 오만가지 생각이 떠올랐다. 이놈이 만일 아래로 잠수하면 어떻게 하나? 혹시 내려가서 죽어버리면 어떻게 하지? 하지만 어떻게든 되겠지. 내게도 방법은 있을 거야.

노인은 여전히 줄을 등에 걸고, 그 줄이 물속으로 비스듬히 쭉 뻗어내려 간 채 배가 북서쪽으로 끌려가는 것을 보고 겁이 났다. 이러다가 힘이 빠질 거야. 언제까지고 버틸 힘은 없잖은가? 그러나 네 시간이 지난 후에도 놈은 여전히 배를 끌고 달아나고 있었고, 노인도 등에 줄을 감은 채 버티고 있었다.

"저놈을 잡은 게 정오쯤이었지. 그런데 아직도 저놈의 모습을 보지 못했어."

노인은 놈이 걸려들기 전부터 밀짚모자를 깊이 눌러쓰고 있어서 머리가 아팠다. 또 갈증도 심해져서 물을 마시려고 무릎을 꿇고 낚싯줄이 갑자기 당겨지지 않도록 긴장하면서 조금씩 뱃머리 쪽으로 기다시피 움직여 물병을 잡았다. 그리고 뚜껑을 열고 물을 조금 마셨다. 그러고 뱃머리 쪽에 몸을 기대어 휴식을 취했다. 돛대 받침에서 뽑아 놓은 돛대에 앉아 쉬면서도 놈과의 싸움에서 이겨야겠다는 생각 말고는 없었다.

고개를 돌려 뒤를 봤지만 육지는 보이지 않았다. 하지만 그는 상관없다고 생각했다. 언제라도 아바나 쪽에서 나오는 밝은 빛을 보고 항구로 돌아갈 수 있으니까. 해가 지려면 아직 두 시간이나 남았고 그때까지는 수면으로 올라오겠지. 그때가 아니면 달이 떠오를 때까진 올라오겠지. 그때가 아니라면 내일 아침 동이 틀 때는 올라오겠지. 내 몸에서 쥐가 나지도 않고 아직 기운은 충분해. 주둥이에 낚싯바늘이 걸려있는 건 저놈이야. 그런데도 저렇게 끌고 가다니 엄청난 놈이다. 어떻게 생긴 놈인지 볼 수 있으면 좋겠는데. 나와 대결하는 놈이 어떤 놈인지 그 모습을 보면 알 수 있겠는데.

노인은 별을 보고 그 동안의 위치 변화를 파악해 보았다. 놈은 밤새도록 방향을 바꾸지 않고 일직선으로 진행하고 있었다. 해가 지니까 추워졌고 그의 등과 팔다리에서 흘렀던 땀이 마르자 한기가 느껴졌다. 미끼통을 덮어 놓았던 포대를 벗겨 낮에 말려놓았다. 어둠이 깔리자 그 포대로 목덜미를 감싸고 등을 덮은 다음 낚싯줄 밑으로 받쳐 넣었다. 포대가 쿠션 역할을 하니까 줄에 닿는 부분이 덜 아팠다. 뱃머리에 등을 적당히 기대는 요령을 알게 된 노인은 편안한 자세를 취할 수 있었다. 실제로는 불편한 자세를 모면한 정도였지만 그 정도라도 그는 편안하게 느낀 것이다.

현재로선 저놈이나 나나 어쩔 도리가 없는 상황이야. 노인은 생각했다. 놈이 저렇게 계속 버티고 있으면 말이야.

그러다가 한 번 일어나서 뱃전에 소변을 보고 나서 별을 보고 항로를 확인했다. 그의 어깨에서 곧장 물속으로 뻗어 내려간 낚싯줄은 마치 한 줄기 인광처럼 보였다. 이제 고기와 조각배는 속도가 느려졌고 아바나의 불빛이 그리 밝지 않은 걸로 보아 조류가 그들을 동쪽으로 데려가고 있음을 알 수 있었다. 만일 아바나의 불빛이 안 보이게 된다면 더 동쪽으로 가고 있음이 틀림없다고 그는 생각했다. 놈이 계속 그 방향을 유지한다면 앞으로 몇 시간은 더 아바나의 불빛을 볼 수 있을 거야. 오늘 메이저리그 경기는 어떻게 되었을까, 하고 그는 생각했다. 라디오로 야구중계를 들을 수 있다면 얼마나 좋을까. 그러다가 그는 다시 그 대어를 떠올렸다. 이제 그놈만 생각해야지, 하고 다짐했다. 지금 하고 있는 싸움에만 집중해야 해. 바보 같은 행동은 절대 안 돼.

"그 아이가 있으면 얼마나 좋을까. 나를 도와주기도 하고, 이 광경을 구경하기도 하고." 그는 다시 소리 내어 말했다.

늙으면 혼자 있는 게 좋지 않아. 그는 생각했다. 하지만 어쩔 수가 없는 일이지. 이제 잊지 말고 저 다랑어가 상하기 전에 먹고

기운을 차려야지. 먹기 싫어도 아침엔 꼭 먹어 둬야 해. 잊지 말자. 그는 스스로 다짐을 했다.

밤에 돌고래 두 마리가 조각배 주위를 맴돌며 텀벙거리고 물을 뿜는 소리가 들렸다. 그는 수컷이 물을 뿜는 소리와 암컷이 한숨 쉬듯 물을 뿜는 소리를 구별할 수 있었다.

"착한 놈들이야. 저놈들은 함께 놀고 사랑도 하지. 날치와 마찬가지로 우리의 형제나 마찬가지야." 그가 말했다.

그러자 그는 자기 낚싯줄에 걸린 대어가 문득 불쌍하다는 생각이 들었다. 이놈은 굉장하고 또 이상한 놈이다. 도대체 나이를 얼마나 먹은 걸까? 이렇게 힘이 세고 또 이상하게 반응하는 놈은 정말 난생 처음 본다. 아마 영리한 놈이라서 난폭하게 날뛰지 않는 모양이다. 만약 놈이 사납게 물위로 솟아올라 날뛴다면 나는 도저히 감당할 수가 없어. 노인은 생각했다. 이놈은 아마도 전에 낚시에 걸려본 적이 있을 거야. 그래서 이렇게 저항해야 한다고 생각하고 있나 봐. 물밖에 자기와 싸우는 상대가 한 사람이라는 사실, 그것도 노인이라는 것을 알 리가 없다. 이놈은 도대체 얼마나 거대한 걸까? 고깃살이 좋으면 아주 비싸게 팔 수 있겠지. 미끼를 먹는 거나 낚싯줄을 끌고 가는 거나 아주 사내다운 느낌이야. 사람과 씨름하면서도 당황하는 느낌이 없어. 저놈에게 어떤 생각이라도 있는 걸까? 아니면 나와 마찬가지로 그냥 필사적인 몸부림을 치는 건지 궁금하군.

노인은 예전에 청새치 한 쌍 가운데 한 마리를 잡은 적이 있었다. 청새치는 먹이를 발견하면 수컷은 언제나 암컷에게 양보한다. 그때도 역시 그랬다. 먼저 미끼를 먹은 암컷이 낚시에 걸렸는데 겁에 질려 발버둥을 치다가 얼마 후 힘이 빠져 쓰러졌다. 그때 수컷이 근처에서 낚싯줄을 넘나들며 원을 그리며 수면을 맴돌고 있었다. 수컷이 암컷과 너무 가까이에 붙어 있어서 노인은 불안했다. 수컷의 꼬리가 마치 낫처럼 날카로워서 그 꼬리로 낚싯줄을 끊어버리지나 않을까 걱정이었던 것이다. 노인은 암놈을 갈고리로 끌어올려 몽둥이로 두들겨 팼다. 가장자리가 사포처럼 거칠고 칼날처럼 날카로운 주둥이를 잡고 몽둥이로 머리통을 내려쳤다. 청새치의 몸통이 마치 거울의 뒷면과 같은 색깔로 변했다. 그 다음 소년의 도움으로 그놈을 배 안으로 끌어올렸는데 수컷은 근처를 떠나지 않고 있었다. 노인은 낚싯줄을 정리하고 작살을 준비하는 사이 수컷은 암컷을 보려고 공중으로 뛰어올랐다. 그때 보라색 가슴지느러미를 날개처럼 펼치고 보랏빛 줄무늬를 보이더니 물속 깊이 들어가 자취를 감추었다. 정말로 아름다운 놈이었지. 끝까지 암놈 곁에 붙어있었지. 노인은 당시의 기억을 되새겼다. 그때가 그의 인생에서 가장 슬픈 광경이었지. 노인은 생각했다. 그 아이도 슬퍼했고, 우리는 암놈에게 용서를 빌고 곧 칼질을 해버렸어.

"그 아이가 지금 같이 있다면 얼마나 좋을까."

노인은 중얼거리고 둥근 뱃머리 판자에 몸을 기댔다. 등에 밀착된 낚싯줄을 통해서 자기가 선택한 방향으로 끊임없이 나아가는 대어의 무게를 느낄 수 있었다. 내게 걸린 이상 너도 뭔가 방법을 선택해야만 하겠지. 노인은 생각에 잠겼다. 이런 상황에서 대개의 물고기들은 온갖 덫이나 올가미가 미치지 못하는 깊은 바다의 캄캄한 어둠 속으로 잠기는 것이지. 하지만 내가 취하는 방법은 어떤 사람도 이르지 못하는 곳까지 찾아가서 그놈을 잡는 것이다. 우리는 정오부터 오로지 둘이서만 같이 있게 된 거야. 그놈이나 나나 남의 도움을 받을 수 없는 외로운 싸움을 하고 있는 거지.

어쩌면 어부가 되지 않는 게 좋았을지도 몰라. 문득 이런 생각도 했다. 아냐, 나는 어부가 되려고 태어난 거야. 날이 밝으면 꼭 다랑어를 먹어야겠다.

동이 트기 약간 전에 그의 뒤쪽에 있는 미끼 하나에 뭔가가 걸렸다. 잠시 후 막대기가 부러지고 낚싯줄이 뱃전 밖으로 풀려 내려가는 소리가 들렸다. 노인은 어둠 속에서도 칼집에서 칼을 꺼

내 대어의 무게를 왼쪽 어깨로 견디면서 뱃전에 드리운 낚싯줄을 끊어버렸다. 그러고 나서 가까이에 있는 다른 줄도 끊었고 어두운 가운데 예비 낚싯줄의 풀어진 끝과 끝을 단단히 동여맸다. 노인은 그런 일을 한 손으로 능숙하게 해냈고 매듭을 동여매는 동안에는 한쪽 발을 거기에 대고 밟았다. 이제 여분의 낚싯줄 뭉치가 여섯 개 확보된 셈이다. 방금 끊어버린 것에서 각각 두 개가 생겼고, 또 두 개는 물고기가 미끼를 물었던 것에서 나온 것이다. 그것들은 모두 서로 묶어서 연결시켰다.

날이 밝으면 70미터짜리 줄이 있는 곳으로 가서 그것도 잘라 내 여분의 줄에 연결시켜야겠다고 그는 생각했다. 까딱하면 360미터짜리 카탈루냐 산 고급 낚싯줄과 바늘을 잃어버리게 생겼어. 하지만 그건 언제든지 다시 살 수가 있어. 다른 조무래기 고기에 신경을 쓰다가 이놈을 놓친다면 말도 안 되는 일이지. 방금 전에 미끼를 먹은 놈은 어떤 놈일까? 청새치나 황새치 아니면 상어였겠지. 줄을 끊는 것만 생각하느라 어떤 놈인지 확인도 못해 봤구먼.

"지금 그 아이가 있으면 얼마나 좋을까." 그는 소리 내어 말했다.

하지만 소년은 지금 네 곁에 없잖아. 노인은 혼자 생각했다. 지금은 나 혼자뿐이다. 이제 날이 어둡든 밝든 상관없이 마지막 낚싯줄이 있는 곳으로 가서 그것도 잘라버리고 예비줄 두 개를 연결시키는 것이 좋다고 생각했다.

그는 주저하지 않고 그렇게 했다. 어두운 곳에서 처리하기란 결코 쉽지는 않았다. 한번은 물고기가 날뛰는 바람에 앞으로 넘어져 얼굴을 부딪쳤는데, 눈 아래가 찢어지고 말았다. 피가 뺨으로 흘러내렸지만 턱까지 도달하기 전에 응고되고 말았다. 노인은 간신히 뱃머리 쪽으로 돌아와 몸을 기대어 쉬었다. 그는 어깨의 포대 위치를 고치면서 낚싯줄도 조심스레 위치를 바꾸었다. 어깨에 줄을 고정시키고 놈이 끌어당기는 힘을 주의 깊게 느껴보고 손을 물에 담가 배의 속도로 가늠해 보았다.

저놈이 무엇 때문에 발버둥을 쳤을까? 노인은 생각해보았다. 목줄의 철사가 놈의 거대한 등을 긁은 모양이지. 그래도 놈은 내 등만큼 아프지는 않을 거야. 하지만 놈이 아무리 거대하다 해도 이 배를 영원히 끌고 다닐 수는 없겠지. 신경 쓰일만한 일은 모두 처리해 놓았고 예비 줄도 충분히 확보해 두었으니 이제 됐다.

"고기야, 난 죽을 때까지 너와 함께 있으마." 노인은 부드럽지만 큰 소리로 말했다.

저놈도 끝까지 나와 같이 있으려 하겠지. 노인은 이렇게 생각하고 날이 밝기를 기다렸다. 동이 트기 직전에는 추웠기 때문에 체온을 유지하려고 뱃전에 몸을 대고 밀었다. 저놈이 버티는 한 은 나도 버틸 수 있어. 그는 생각했다. 날이 밝아오자 낚싯줄이 풀려 물속으로 내려갔다. 조각배는 여전히 진행하고 있었고 해가 수평선 위로 올라오자 노인의 오른쪽 어깨에 햇볕이 비쳤다.

"이놈이 북쪽으로 향하고 있구나." 노인이 말했다. 하지만 조류에 밀려서 우리는 동쪽으로 나아가게 될 거야. 저놈이 조류를 타고 방향을 바꿔주면 좋겠는데. 그러면 놈이 지쳤다는 증거가 될 테니까.

해가 더 높이 솟아올랐지만 노인은 대어가 전혀 지치지 않았다는 것을 느낄 수 있었다. 다만 한 가지 반가운 징조가 있었다. 낚싯줄이 내려간 경사로 보아 물고기의 위치가 약간 올라왔다는 사실을 알 수 있었다. 하지만 놈이 뛰어올라 줄 거라고 확신할 수는 없었다. 그럴 가능성이 전혀 없는 것은 아니었지만 말이다.

"하느님, 제발 저놈이 뛰어오르게 해주소서. 저놈을 다룰 줄은 충분히 갖고 있습니다." 노인은 말했다.

내가 줄을 팽팽히 잡아당기면 저놈은 아파서 올라올지도 몰라. 날도 환하니까 이제 뛰어오르도록 해봐야겠다. 그래서 등뼈를 따라 붙어 있는 부레에 공기가 차서 다시 깊은 곳으로 내려가 죽지는 못하도록 해야지.

노인은 줄을 좀 더 팽팽하게 당겨봤지만 줄은 처음 걸렸던 상태 그대로 팽팽했다. 몸을 뒤로 젖히고 줄을 당겨보니 놈의 거친 저항이 느껴져서 더 이상 당기는 것은 안 되겠다는 판단이 들었다. 그래, 더 당기면 안 돼지. 줄을 확 잡아당길 때마다 낚싯바늘에 찢어진 부위가 넓어져서 물위로 뛰어오를 때 바늘이 빠져나올 수도 있으니까. 어찌 되었든 해가 올라오니까 기분은 한결 가벼워지는군. 이번에는 해를 정면으로 바라보지 않아도 되니까 말이지.

낚싯줄에는 누런 해초가 붙어 있었는데, 해초의 무게도 놈에겐 오히려 짐이 될 것이라고 생각하니 기분이 좋아졌다. 그것은 바로 밤에 인광을 발하던 누런 모자반류(황갈색 해조로 바위에 붙어서식함)였다.

"물고기야, 나는 네가 좋다. 너에게 존경을 표한다. 하지만 오늘이 지나기 전에 너를 죽이고 말겠다." 노인이 말했다. 그는 부디 그렇게 되기를 소망했다.

그때 작은 새 한 마리가 북쪽에서 조각배 쪽으로 날아왔다. 휘파람새였다. 새는 수면 위를 스치듯 날고 있었다. 새는 상당히 지친 모습이었다. 잠시 후 새는 선미에 앉아 날개를 쉬었다. 그러다가 노인의 머리 위를 빙글빙글 돌다가 좀 더 편안한 낚싯줄 위에 자리를 잡았다.

"넌 몇 살이나 되었니? 이번이 첫 여행이냐?" 노인이 새에게 말을 걸자 새가 노인을 바라보았다. 새는 너무나 지쳐서 낚싯줄을 살펴볼 여유도 없었다. 가냘픈 발로 낚싯줄을 움켜쥐고 있는 동안 위아래로 흔들렸다.

"줄은 튼튼하단다. 아주 끄떡없어. 간밤엔 바람도 없었는데 왜 그렇게 기진맥진한 거냐? 너처럼 여린 새들은 어떻게 되는 걸까?"

저런 약한 새들을 노리고 바다까지 사냥 오는 매들이 있지. 노인은 생각했다. 하지만 이 얘기는 하지 않았다. 말해 봐도 새가 알아들을 리가 없고, 좀 있으면 매에 대해 알게 될 테니까.

"편히 쉬고 있거라. 조그만 새야. 그리고 다시 육지로 날아가 사람이나 다른 새나 물고기처럼 도전해보는 거야." 노인이 말했다.

밤새 등이 뻣뻣했고 통증이 상당했는데 새에게 말을 걸었더니 다소 위안이 되었다.

"괜찮으면 내 집에서 그냥 살아라, 새야. 미풍이 부는데 돛을 올리고 너를 육지로 데려다 주지 못해서 미안하구나. 지금 내가 친구와 함께 있단다."

바로 그 순간 그놈이 요동을 치는 바람에 뱃머리 쪽으로 쓰러지고 말았다. 발로 버티면서 줄을 좀 풀어주지 않았다면 물속으로 끌려들어 갈 뻔했다.

갑자기 줄이 당겨지는 바람에 새는 하늘로 날아갔지만 그걸 볼 수 있는 상황은 아니었다. 오른손으로 살살 줄을 만져보다가 손에서 피가 나는 것을 알게 되었다.

"뭔가가 저놈을 아프게 만들었구나."

노인은 큰소리로 말하고 놈의 진행 방향을 바꿀 수 있을지 알아보려고 줄을 당겨봤다. 줄이 끊어질 듯 팽팽해졌지만 노인은 그대로 몸을 뒤로 젖히고 버텼다.

"이제 너도 그걸 느끼고 있구나. 그래 나도 그렇단다."

새와 친구가 되어 적적함을 달랠 수 있겠다고 생각했던 노인은 그제서야 새를 찾아보았지만 새는 종적을 감추었다.

오래 쉬지도 못하고 떠나버렸구나. 노인은 생각했다. 해안으로 돌아가기까지는 앞으로 힘겨운 고비가 또 있을 거야. 고기가 한 번 확 잡아당겼다고 손을 다치다니 내가 어떻게 된 거 아냐? 내가 멍청하게 정신을 놓고 있었나 봐. 아마 작은 새에 정신이 팔려서 집중을 못한 거지. 이제는 저놈에게만 집중을 하고 힘이 빠지기 전에 다랑어를 먹어야겠다.

"이럴 때 그 아이가 있으면 오죽이나 좋을까. 또 소금도 있으면 좋겠구나." 노인은 큰 소리로 말했다.

그는 낚싯줄을 왼쪽 어깨로 옮기고 조심해서 무릎을 꿇고 바닷물로 손을 씻었다. 잠시 손을 물에 담그고 있으니까 피가 길게 실처럼 이어져 나왔다. 배는 계속 진행하고 있었고 쉼 없이 손에 잔물살이 부딪쳤다.

"이놈이 이제 속도가 떨어졌구나."

노인은 손을 물속에 오래 담그고 싶었지만 그놈이 혹시 날뛸까 봐, 일어서서 발로 버티고 손을 들어 해에 비춰 보았다. 그것은 단지 낚싯줄에 스치면서 생긴 상처였다. 그러나 피부가 벗겨진 곳은 낚시에서 가장 많이 사용하는 부위였다. 이 싸움이 끝날 때까지는 손이 필요하기 때문에 일을 시작하기 전에 다치면 곤란한 일이었다.

"그럼 이제 다랑어를 먹어야겠군. 갈고리로 끌어다가 여기 앉아서 편히 먹어야지." 햇볕에 손이 마르자 노인이 말했다.

그는 무릎을 꿇고 갈고리로 선미 쪽에서 다랑어를 꺼냈다. 다음엔 묶어놓은 낚싯줄에 닿지 않도록 조심해서 자기 앞으로 끌어당겼다.

줄을 왼쪽 어깨로 고쳐 매고 왼손과 팔로 몸을 지탱하면서 갈고리에서 다랑어를 빼내어 갈고릿대는 원래 자리에 갖다 두었다. 노인은 무릎으로 생선을 누르고 머리에서 꼬리까지 등을 따라 길게 칼집을 내고 검붉은 살점을 발라냈다. 그러자 쐐기 모양으로 여러 개 토막이 났다. 등뼈에서 배 가장자리까지 잘랐다. 여섯 덩어리로 잘라 뱃머리 판자 위에 펼쳐 놓고, 피가 묻은 칼을 바지에 닦아내고 뼈만 남은 다랑어 꼬리를 잡고 뱃전 너머로 휙 집어던졌다.

"한 덩어리도 다 먹을 수 있을 것 같지 않네." 노인을 중얼거리면서 한 덩어리에 칼을 갖다 댔다. 그 순간 낚싯줄이 거세게 당겨지는 것을 느꼈고 그의 왼손에는 쥐가 났다. 무거운 줄을 잡은 손이 오그라들었고, 그는 자기 왼손을 혐오스럽게 쳐다보았다.

"이놈의 손은 대체 뭐야! 어디 오그라들어 봐라. 매 발톱처럼 오그라들어 보라구! 아무 소용도 없을 테니." 노인이 말했다.

어디 보자, 하면서 노인은 캄캄한 물속으로 비스듬히 들어간 줄을 응시했다. 다랑어를 먹어둬야 손이 좋아질 거야. 하여튼 손에 죄가 있는 것은 아니잖아. 벌써 오랫동안 저놈과 싸우고 있으니까 말이야. 나는 얼마든지 저놈과 더 싸울 수가 있어. 이제 다랑어를 먹어두자.

노인은 살점을 집어 입에 넣고 천천히 씹었다. 맛이 그런대로 괜찮았다. 천천히 씹어서 즙까지 다 섭취해야 해. 레몬이나 소금이 있으면 먹기가 더 편할 텐데.

"어이, 손. 이제 좀 어때?" 그는 시체처럼 뻣뻣하게 굳어버린 손에게 말을 걸었다.

"너를 위해서 좀 더 먹어야겠구나."

그는 두 쪽으로 자른 것 중 나머지를 입에 넣었다. 천천히 씹고 나서 껍질은 뱉었다.

"손아, 이제 좀 나아졌니? 좀 더 있어야 알겠니?"

그는 다른 덩어리를 집어 통째로 씹어 먹었다. 다랑어는 힘이 세고 활기 넘치는 고기야. 그는 생각했다. 만새기 대신 이 녀석이 걸린 건 다행이야. 만새기는 너무 달아서 곤란해. 이놈은 달지 않고 아직도 활기가 넘쳐.

실질적인 생각이 아니면 다 무의미해. 그는 생각했다. 소금이 좀 있으면 좋겠는데. 햇볕 때문에 생선 고깃덩어리가 마르거나 상할지도 몰라. 그러니 배가 고프지 않아도 전부 먹어두는 게 좋겠어. 물속의 저놈은 냉정하고 차분하게 버티고 있구나. 나도 이걸 다 먹고 준비를 갖춰야지.

"손아, 네가 좀 더 참고 버텨다오. 너를 위해 먹는 거란다." 노인이 말했다.

그는 그때 물속에 있는 그놈에게도 고기를 먹이고 싶다고 생각했다. 우리는 형제처럼 가까운 사이니까. 하지만 나는 놈을 죽여야 하고 그렇게 하려면 힘이 있어야 해. 그는 천천히 쐐기 모양의 생선 고기 조각을 모두 먹어치웠다. 그는 허리를 쭉 펴고 바지에 손을 문질러 닦았다.

"어이, 왼손. 이젠 줄을 놔도 괜찮아. 네가 그렇게 바보처럼 뻣뻣한 짓을 그만둘 때둘 오른손으로만 싸우겠어." 그는 왼손으로 잡고 있던 무거운 줄을 왼발로 밟고 등으로 눌리는 압력을 몸을 젖히면서 버텨냈다.

"하느님, 제발 왼손에 쥐가 난 걸 풀어주십시오. 저 큰 놈이 무슨 짓을 벌일지 모르니 말입니다." 그가 말했다.

하지만 저놈은 침착하게 자신의 계획대로 움직이는 것 같군, 노인은 생각했다. 그러면 저놈의 계획은 어떤 것일까? 그리고 내 계획은 어떻게 해야 할까? 저놈이 엄청나게 거대하니 상황에 따라 임기응변으로 대처할 수밖에 없지. 놈이 수면 위로 올라와 주기만 하면 죽일 수 있을 텐데. 하지만 놈은 물속에서 올라올 생각을 안 하는구먼. 나도 끝끝내 버틸 수밖에 없지.

그는 쥐가 난 왼손을 바지에 문질러서 손가락을 펴보려고 해 봤다. 하지만 손가락은 전혀 말을 듣지 않았다. 해가 떠오르면 펴질지도 몰라. 아까 먹은 다랑어 날고기가 소화되면 펴지겠지. 만일 왼손이 꼭 필요한 상황이 되면 무슨 수를 써서라도 펴고야 말 테다. 지금은 억지로 무리할 필요는 없어. 자연스럽게 풀어져서 원래대로 돌아가야 해. 간밤에 줄을 묶고 푸느라고 왼손을 너무 혹사시킨 거야.

노인은 문득 바다 멀리 바라보고 자신이 얼마나 고독한 상황인지 절감했다. 하지만 캄캄한 물속에서 프리즘 현상을 보고 팽팽하게 뻗어나간 낚싯줄이며, 잔잔한 바다에서 이상한 물결이 보였다. 무역풍이 불어 구름이 모여들고 있었다. 앞쪽을 보니 물오리 떼가 하늘에 또렷이 나타났다가 흐려지곤 하면서 날아가고 있었다. 노인은 그런 광경을 보면서 바다에서는 홀로 있어도 아무도 외롭지 않다고 생각했다.

어떤 이들은 작은 배를 타고 육지가 보이지 않는 먼 바다까지 나가는 것을 두려워한다. 그게 뭐 두려운 일이라고, 노인은 생각했다. 하지만 갑자기 악천후가 찾아오는 철에는 그럴 수도 있겠다고 생각했다. 하지만 지금은 허리케인이 부는 계절이고 허리케인만 없으면 일 년 중 고기잡이를 하기에 가장 좋은 계절인 것이다.

바다에 나가 있으면 허리케인이 올 때는 며칠 전부터 하늘에 조짐이 나타난다. 육지에서 그걸 알아차리기 어려운 것은 허리케인의 조짐을 볼 수 없기 때문이야. 육지에서도 구름 모양이 평소와 다르기는 하지. 하여간 지금은 허리케인이 올 징후는 없어. 그가 하늘을 올려다보니 아이스크림 같은 하얀 뭉게구름이 보이고 그 위로 파란 하늘을 배경으로 얇은 깃털 같은 구름이 보였다.

"브리사(산들바람 또는 무역풍을 뜻하는 스페인어)가 불어오는구나. 물고기야, 너보다는 내게 유리한 날씨구나." 노인이 말했다.

왼손은 아직도 쥐가 나 있는 상태여서 그는 천천히 주무르고 있었다.

쥐가 나는 건 정말 질색이야. 노인은 생각했다. 이건 마치 자기 몸에 배신을 당하는 거나 마찬가지거든. 사람들이 보는 데서 프토마인(단백질이 부패하여 생기는 유독성 물질) 중독을 일으켜 설사를 하거나 음식을 토하는 것은 창피한 일이지. 쥐가 나는 것은 혼자 있을 때 스스로에게 창피한 일이야. 그는 쥐가 난다는 것을 칼람브레(경련을 뜻하는 스페인어)라고 생각했다.

만일 그 아이가 있어 주었다면 손을 주물러서 쥐를 풀어주었을 텐데. 그는 생각했다. 하지만 좀 지나면 풀리겠지.

그 순간 노인은 오른손으로 잡은 줄을 끌고 가는 힘이 달라진 것을 느꼈고, 얼마 후 물속에 잠겨있던 낚싯줄이 천천히 경사가 완만해지며 올라오는 것을 눈으로 확인할 수 있었다.

"놈이 올라오고 있어! 왼손아, 어서 정신을 차려라." 노인이 말했다.

낚싯줄이 서서히 올라오더니 조각배의 앞쪽 수면이 부풀어 오르면서 마침내 놈이 모습을 드러냈다. 놈의 몸통을 중심으로 양쪽으로 물이 쏟아져 내렸다. 놈의 몸은 햇빛을 받아 번쩍거리는데, 머리와 등은 짙은 자줏빛이었고 옆구리에 엷은 보라색 줄무늬가 드러났다. 주둥이는 야구방망이처럼 길고 끝부분으로 갈수록 가늘어졌다. 놈은 자기 몸 길이를 전부 보여주고는 다시 잠수부처럼 유유히 물속으로 자취를 감추었다. 커다란 낫처럼 생긴 꼬리가 물속으로 들어가면서 낚싯줄은 다시 풀려 내려갔다.

"이 배보다도 60센티미터는 더 길겠군." 노인이 말했다.

낚싯줄이 풀려 내려가는 속도가 재빠르긴 하지만 일정한 것으로 보아 그놈은 당황한 기색이 없었다. 노인은 줄이 끊어지지 않을 정도로 두 손으로 힘껏 잡아당겼다. 그놈의 속도를 늦추지 못하면 놈은 줄을 전부 다 끌고 가서 결국엔 끊어버릴 수 있다는 것을 그는 잘 알고 있었다.

놈은 엄청난 물고기다. 노인은 생각했다. 놈에게 자신이 얼마나 힘이 강한지 어떻게 해서든 달아날 수 있다는 것을 알게 해서는 안 된다. 내가 만일 저놈이라면 있는 힘을 다해 뭔가가 끊어질 때까지 힘껏 내달릴 텐데. 하지만 고맙게도 물고기들은 우리 인간만큼 머리가 좋지는 못하지. 물론 우리 인간보다 품위가 있고 힘도 세긴 하지만.

노인은 그동안 거대한 물고기를 수없이 봐왔다. 5백 킬로그램이 넘은 놈도 봤는데 그 정도 물고기를 두 번이나 잡아보기도 했다. 그때는 물론 혼자가 아니었다. 그런데 지금은 혼자인데다 육지가 보이지도 않는 먼바다에서, 직접 본 것 중 가장 크고 남들에게 들어본 적도 없는 거대한 물고기와 대결하고 있는 것이다. 게다가 왼손은 아직도 매 발톱처럼 오그라들어 말을 듣지 않는다.

그래도 손은 곧 풀리겠지. 그는 생각했다. 틀림없이 나아져서 오른손을 도와줄 거야. 지금 내게 형제라고 할 만한 것이 세 가지 있다. 내 두 손과 저 거대한 놈이다. 왼손은 반드시 풀릴 것이다.

쥐가 나다니 손으로서는 수치스런 일이지. 놈은 다시 속도를 늦추어 보통 속도로 헤엄치고 있었다.

아까는 놈이 왜 물 위로 뛰어올랐을까? 노인은 생각했다.

마치 자기가 얼마나 덩치가 큰지 과시하려고 뛰어오른 것 같았다. 어쨌든 그 덕분에 어떻게 생긴 놈인지 알게 되었지. 이제 내가 어떤 인간인지 놈에게 보여주고 싶군. 그러면 내 손이 쥐가 났다는 걸 알게 될 텐데. 놈에게 내가 실제보다 더 힘이 강한 인간이라고 생각하도록 해야 해. 어차피 그렇게 될 테니까. 의지와 지혜만 가진 내게 맞서 싸우는 모든 것을 가진 저놈이 부럽구나.

노인은 가능한 한 편한 자세로 뱃전에 기대어 고통을 참아냈다. 놈은 여전히 지칠 줄 모르고 한결같이 나아갔고, 조각배는 검은 물살을 헤치고 물위를 달렸다. 동쪽에서 바람이 불어오자 파도가 일어났고 한낮이 되자 노인의 왼손도 마비가 풀어졌다.

"어이, 물고기 씨. 자네에겐 좋지 않은 소식일세." 노인은 중얼거리면서 포대 위의 줄 위치를 조금 옮겼다. 그의 마음은 좀 편안해졌지만 몸은 고통스러웠다. 그는 그저 고통을 인정하려들지 않는 것뿐이었다.

"저는 신앙심은 별로 없습니다. 하지만 저놈을 잡게 해주시면 주기도문과 성모송을 열 번씩이라도 외우겠습니다. 만일 저놈을 잡게 된다면 코브레(쿠바에 있는 지성소)의 성모 마리아 님께 참배를 드리겠습니다. 맹세해도 좋습니다."

노인은 기계적으로 기도문을 암송하기 시작했다. 가끔은 너무 피곤해서 기도문이 생각나지 않을 때도 있지만, 다시 빨리 외워보면 자동적으로 다음 구절이 떠오르곤 했다. 그에겐 기도문보다는 성모송이 외우기 쉬웠다.

"은총이 가득하신 마리아님 기뻐하소서. 주님께서 함께 계시니 여인 중에 복되시며 태중의 아들 예수님 또한 복되시나이다. 천주의 성모 마리아님, 이제와 저희 죽을 때 저희 죄인을 위하여 빌어 주소서. 아멘."

그러고 나서 한 구절 덧붙였다.

"은혜로운 마리아 님. 끝으로 이 물고기를 위해서도 기도해 주소서. 아주 굉장한 놈입니다."

기도를 마치고 나니 기분은 가벼워졌지만 몸의 고통은 달라지지 않았다. 아니, 오히려 고통이 더 심해졌다. 노인은 뱃머리 판자에 등을 기대고 왼손 손가락들을 놀리기 시작했다.

미풍이 가볍게 불고 있었지만 햇볕은 따가웠다.

"선미 쪽에 드리워놓은 작은 줄에 미끼를 새로 갈아놓아야겠군. 저놈이 하룻밤 더 버틴다면 나도 뭘 좀 먹어둬야 하니까. 마실 물도 이제 얼마 없으니 걱정이고, 이곳에선 만새기 밖에 잡히지 않을 것 같은데. 만새기라도 싱싱할 때 먹으면 괜찮은 맛이지. 오늘 밤에는 날치가 배 위로 날아와 주면 좋겠는데. 날치를 끌어들이려면 불빛이 있어야 하는데 그게 없네. 날치는 날로 먹어도 맛이 좋고 칼질할 필요도 없는데. 이젠 힘을 최대한 아껴야겠다. 제길, 놈이 저렇게나 클 줄은 정말 몰랐는걸." 노인이 중얼거렸다.

"하지만 난 저놈을 반드시 죽이고야 말겠다. 아무리 굉장한 놈이라고 해도."

그게 설사 옳지 않은 일이라 해도 나는 놈에게 한 인간이 뭘 할 수 있는지, 한 인간이 얼마나 견딜 수 있는지 보여주고야 말겠어.

"나는 꼬마에게 내가 별난 늙은이라고 말했지. 지금이야말로 그 말을 증명해 보일 때가 된 거야." 노인이 말했다.

노인은 지금까지 그런 증명을 수천 번 해 보였지만 결국 아무 의미도 없었다. 하지만 노인은 또다시 그런 증명을 해 보이려고 하는 것이다. 증명을 해 보는 것은 매번 새로운 것이었고, 지나간 것은 한 번도 생각해 본 적이 없었다.

저놈이 잠들고 나도 사자 꿈을 꿀 수 있으면 좋겠는데, 하고 노인은 생각했다. 아니 왜 지금 사자가 중요한 일처럼 느껴지는 거지? 늙은이, 잡생각이랑 그만두시게, 하고 자신을 타일렀다. 뱃전에 기대어 쉬면서 아무 생각도 하지 말라고. 저놈은 여전히 계속 움직이고 있지 않은가. 그러니 자넨 움직이지 말고 체력을 비축해 두는 거야.

시간은 오후로 접어들었다. 배는 아직도 천천히 그 속도로 진행하고 있었다. 그런데 동쪽에서 미풍이 불어와 배가 진행하는 데 저항 요소가 되었다. 노인은 부드럽게 물결을 헤치며 나아갔다. 등에 걸린 줄이 가하는 통증도 한결 나아졌고 견딜 만했다.

오후에 다시 한 번 줄이 올라오기 시작했다. 하지만 놈은 수면 쪽으로 약간 올라왔을 뿐 계속 물속에서 같은 방향으로 진행하고 있었다. 노인의 왼팔과 어깨와 등에 햇볕이 내리쪼였다. 그래서 놈이 동북쪽으로 방향을 바꾸었다는 것을 알게 되었다.

그는 놈을 한 번 봤기 때문에 놈이 물속에서 보랏빛 가슴지느러미를 펴고 꼬리를 세운 채 캄캄한 물속을 가르듯 헤엄치는 모습을 상상할 수 있었다. 그렇게 깊은 물속에서 놈은 얼마나 볼 수 있을까, 하고 노인은 생각했다. 그놈의 눈은 아주 컸다. 말은 그보다 작은 눈을 가지고도 어둠속에서 잘 볼 수 있었다. 나도 전에는 어둠속에서도 상당히 잘 볼 수 있었지. 아주 캄캄한 곳은 볼 수 없지만 고양이만큼은 볼 수 있었지.

햇볕이 따뜻했고 손가락을 계속 풀어준 결과 그의 왼손은 이제 완전히 기능을 회복했다. 그래서 이젠 왼손에 힘을 실을 수 있게 되었고, 등의 근육을 움직여서 줄에 닿아 상처 난 부위를 풀어주었다.

"물고기 씨, 만일 네가 아직도 지치지 않았다면, 너도 틀림없이 나처럼 특이한 놈이구나." 그는 큰 소리로 말했다.

노인은 이제 지칠 대로 지쳤고 곧 밤이 되는 시간이었다. 그는 다른 생각을 해보려고 했다. 메이저리그를 떠올렸다. 그는 메이저리그라는 영어 표현보다 '그란 리가스'라는 스페인어가 훨씬 더 친근하게 느껴졌다. 그는 뉴욕 양키스와 디트로이트 타이

거즈가 경기 중인 것을 알고 있었다.

야구 경기 결과를 모르는 것도 오늘로 이틀이 지났다. 하지만 내 일에 자신감을 가져야 해. 발뒤꿈치에 박힌 뼈돌기 때문에 아픈데도 꾹 참고 경기를 해내는 디마지오 선수에게 부끄럽지 않도록 행동하자. 뼈돌기란 어떤 증상일까? 그는 스스로 그 증상에 관해 자문했다. 스페인어로는 '운 에스푸엘라 데 우에소'라고 하지. 우리는 그런 증상에 걸리지 않지. 그건 싸움닭의 쇠발톱을 뒤꿈치에 박는 것만큼 아플까? 나는 아마 그런 아픔을 견디지 못할 거야. 싸움닭처럼 한쪽 눈이나 심지어 양쪽 눈을 잃어버린 상태에서 계속 싸우지는 못할 거야. 그런 대단한 동물에 비교하면 인간은 별거 없어. 그러니까 나는 차라리 어두운 바다의 물고기가 되고 싶구나.

"상어가 오지만 않으면." 그는 큰소리로 말했다.

"만일 상어가 나타나면 너나 나나 끝장이다."

그 위대한 디마지오가 만일 나와 같은 상황에 놓인다면, 지금의 나만큼 저놈과의 대결에서 오래 버틸 수 있을까? 그는 이런 생각을 해봤다. 나보다 힘도 세고 젊으니까 해낼 수 있겠지. 게다가 그의 아버지도 어부였으니까. 그런데 뼈돌기가 그렇게도 아픈 건가?

"내가 알 수는 없겠지. 아직 뼈를 다쳐본 적은 없으니까."

저녁 해가 넘어가고 노인은 스스로 자신감을 부여하려고 생각했다. 카사블랑카(아바나 동쪽에 있는 도시)에 있는 술집에서 시엔푸에고스(쿠바의 중남부 카리브 해 연안에 있는 도시)에서 왔다는 덩치 큰 흑인과 팔씨름을 했던 기억을 떠올렸다. 그 흑인은 부두에서 힘이 세기로 유명했다. 두 사람은 탁자 위에 분필로 줄을 긋고 팔꿈치를 올려놓고, 상대의 손을 움켜쥔 채 하루 낮과 하룻밤을 새웠다. 상대의 손을 쓰러뜨리려고 안간힘을 썼다. 이 팔씨름 대결에 돈을 거는 사람도 많았고, 등유 램프 불빛 아래 구경꾼들이 들락날락했다.

그는 흑인의 팔과 손과 얼굴에서 눈을 떼지 않았다. 시작하고 여덟 시간이 지나자 심판이 잠을 자도록 네 시간마다 심판을 교체했다. 두 사람의 손톱 밑에서는 피가 배어나왔고, 서로 상대방의 안색을 살피면서 눈과 손에서 눈을 떼지 않았다. 돈을 건 사람들은 방안을 왔다갔다 하며 초조한 기색을 감추지 못했다. 어떤 이들은 벽에 기댄 높은 의자에 앉아 승부를 지켜보았다. 판자벽은 하늘색으로 칠해져 있었는데 램프불이 벽에 그림자를 드리우고 있었다. 흑인의 그림자는 거대하게 보였는데 바람이 불어와 램프 불이 흔들리면 그의 그림자도 벽에서 출렁거렸다.

밤이 새도록 승부는 나지 않았다. 사람들은 흑인에게 럼주를 먹이고 담배를 물려주었다. 술을 마신 흑인은 사력을 다해 노인의, 아니 당시는 노인이 아닌 '엘 캄페온(챔피언을 뜻하는 스페인어)' 산티아고의 팔을 8센티미터 정도 기울였다. 하지만 노인은 다시 손을 원래의 위치로 되돌려 놓았다. 그때 그는 잘생기고 운동선수였던 흑인을 꺾을 수 있다고 확신하게 되었다. 새벽이 되어 돈을 건 사람들이 무승부로 하자고 제안을 하자, 심판이 고개를 가로저을 무렵 그는 마지막 힘을 끄집어내어 흑인의 손을 조금씩 기울여가더니 마침내 탁자에 닿게 만들었다. 승부는 일요일 아침에 시작하여 월요일 아침에 끝이 났다. 돈을 건 사람들 대부분이 부두에서 설탕포대 하역 작업을 하거나 아바나 석탄회사에 출근해야 하기 때문에 무승부 제안을 했던 것이다. 그렇지 않으면 승부의 판결을 원했을 것이다. 여하튼 산티아고는 사람들이 출근할 시간이 되기 전에 승부를 결정지었다.

그 후 오랫동안 사람들은 그를 챔피언이라고 불렀고 봄에는 복수전이 이루어졌다. 그러나 두 번째 대결에 사람들은 돈을 많이 걸지 않았고, 1차전에서 흑인의 기를 꺾었기 때문에 이번에는 어렵지 않게 이길 수 있었다. 그는 이후로도 몇 번 더 팔씨름 시합을 했지만 더 이상은 하지 않았다. 마음만 먹으면 누구든 이길 수 있다고 자신했다. 하지만 오른손을 혹사시키면 고기잡이를 하는 데 지장이 있다고 생각한 것이다. 그는 시험 삼아 왼손으로 팔씨름을 해본 적이 있지만 왼손은 늘 그를 배신했고 마음먹은 대로 되지 않아 그때부터 왼손은 믿지 못하게 되었다.

햇볕이 따뜻하니까 왼손이 좋아지겠지, 노인은 생각했다. 밤에 너무 추워지지만 않으면 왼손이 다시 쥐가 나지는 않을 것이다. 오늘밤엔 어떤 일이 생기려나?

마이애미 행 비행기 한 대가 노인의 머리 위로 지나갔고, 그는 날치 떼가 비행기 그림자에 놀라서 물위로 뛰어오르는 것을 지켜보았다.

"날치가 저렇게 많을 걸 보니 분명히 만새기가 있겠군."

이렇게 말하고 조금이라도 놈을 끌어당길 수 있을까 싶어 등에 걸친 줄을 당겨보았다. 하지만 기대와 달리 전혀 당겨지지 않고 팽팽해진 줄은 끊어질 듯 진동하면서 물방울을 튕겨냈다. 배는 천천히 진행하고 있었고 노인은 비행기가 시야에서 사라질 때까지 지켜보았다.

비행기를 타고 있으면 기분이 묘할 거야. 저렇게 높은 곳에서 바다를 내려다보면 어떻게 보일까? 너무 높지만 않으면 물고기도 잘 보이겠지. 나도 한번쯤 350미터 높이에서 천천히 비행하며 물고기를 내려다보고 싶다. 거북 사냥 배를 탔을 때는 돛대 꼭대기의 가름대에 올라가 보기도 했는데, 그 정도 높이에서도 보이는 게 꽤 많았어. 만새기는 더 진한 녹색으로 보였고, 줄무늬와 보라색 반점도 보였어. 떼를 지어 헤엄쳐가는 것도 볼 수 있었지. 근데 어두운 해류 속을 헤엄치는 어류들은 왜 등이 보랏빛이고 또 보랏빛 줄무늬와 반점을 갖고 있는 걸까? 만새기는 실제론 황금빛이라서 물위에서 보면 초록색으로 보인다. 하지만 배가 고파서 먹이를 쫓을 때는 청새치처럼 배에 보랏빛 줄무늬가 나타나지. 그런 무늬가 나타나는 건 화가 나서일까, 아니면 헤엄치는 속도가 빨라서일까?

해가 지고 어두워지기 직전 모자반류 해초가 마치 작은 섬처럼 수면 가까이 떠올라 흔들거리고 있었다. 그 모습이 마치 누런 담요 아래에서 어떤 것과 사랑의 행위를 하는 것처럼 느껴졌다. 바로 그때 짧은 낚싯줄에 만새기 한 마리가 걸렸다. 그가 처음 만새기를 알아챈 것은 공중으로 뛰어올라 석양을 받아 금빛으로 빛날 때였다. 놈은 공중에서 거칠게 날뛰었다. 겁을 먹고 뛰어올랐는데 마치 곡예를 부리는 것 같았다. 노인은 선미로 자리를 옮겨 웅크리고 앉아 오른팔로 큰 낚싯줄을 잡고 왼손으로 만새기가 걸린 줄을 잡아당겼다. 당겨져 들어온 줄을 왼쪽발로 밟으며 줄을 당겼다. 선미 근처로 끌려오자 물고기는 필사적으로 몸부림치며 날뛰었다. 노인은 선미 너머로 몸을 내밀고 보라색 반점에 금빛으로 빛나는 녀석을 잡아 배안에 집어던졌다. 고기는 이빨로 낚싯바늘을 끊겠다는 듯 발작적으로 움직였다. 길쭉하고 넙적한 몸통과 머리와 꼬리로 바닥을 두들겨댔다. 노인이 황금빛으로 빛나는 그 머리통을 몽둥이로 힘껏 내리치자 만새기는 몸을 부르르 떨다가 잠잠해졌다.

노인은 주둥이에서 낚싯바늘을 빼고 거기에 다시 정어리를 달아 물에 던져 넣었다. 왼손을 물에 씻고 바지에 물기를 닦았다. 그런 다음 큰 낚싯줄을 왼손으로 옮겨 잡고 이번엔 오른손을 씻었다. 노인은 해가 수평선 아래로 사라져가는 모습과 줄이 비스듬히 드리워진 것을 바라보았다.

"저놈은 전혀 달라지지 않았구나." 노인이 말했다.

하지만 손을 물에 넣어 배의 속도를 가늠해보니 놈이 헤엄치는 속도가 상당히 느려졌음을 알 수 있었다.

"선미에 노 두 개를 가로질러 묶어놓아야겠군. 그러면 밤사이에 놈의 속도가 더욱 느려지겠지. 하지만 놈은 오늘 밤에도 끄떡없을 거야. 나도 그렇지만."

만새기 살 속에 피가 남아 있게 하려면 좀 있다가 내장을 제거하는 게 좋겠어. 하고 그는 생각했다. 나중에 칼질을 하기로 하고 노를 묶어서 제동 장치가 되도록 해야지. 지금은 해질 무렵이니까 그냥 가만히 있는 게 좋겠다. 물고기들은 해질녘에 민감해지니까.

노인은 바람에 손을 말리고 나서 줄을 잡고 가능한 편안한 자세로 뱃전에 기대어 놈이 끌기 힘들도록 자세를 잡았다. 그렇게 하니까 오히려 그가 힘을 쓸 때보다 더 조각배가 놈에게 부담을 가하게 되었다.

이렇게 해서 또 하나 요령을 배우게 되는구나. 어떻게든 상황에 따라 필요한 요령이 생기는 법이지. 게다가 저놈은 미끼를 먹은 이후 아무것도 먹지 못했단 말이야. 몸집이 크니까 먹이도 여간 많이 먹지 않을 텐데. 나는 다랑어를 한 마리 통째로 먹었잖아. 내일은 만새기를 먹게 될 거고. 그는 만새기를 '도라도(황금색이라는 뜻의 스페인어)'라고 불렀다. 어쩌면 내장을 꺼낼 때 조금 먹어둬야 할 것 같군. 다랑어보다는 먹기가 거북하겠지만 세상에 쉬운 일이 뭐가 있겠는가?

"물고기 씨, 지금 상태가 어떠신가?" 그는 소리 내어 물었다. "나는 아주 팔팔하다고. 왼손도 꽤 좋아졌고, 오늘 밤하고 내일 낮 동안 먹을 음식도 갖추고 있다네. 여보게, 어디 힘껏 끌고 가 보시게나."

하지만 사실은 전혀 팔팔한 컨디션은 아니었다. 등에 걸치고 있는 줄 때문에 극심한 통증이 이젠 무감각 상태가 되어버린 것이다. 하지만 나는 이것보다 더 힘든 일도 겪어봤지, 라고 노인은 생각했다. 오른손은 조금 긁힌 정도고 왼손의 쥐도 풀렸어. 두 다리도 멀쩡하고 또 식량문제라면 저놈보다 내가 훨씬 유리한 입장이지.

9월이면 늘 그렇듯 해가 저물기 무섭게 바다는 금방 캄캄해졌다. 노인은 뱃머리 판자에 몸을 기대고 될 수 있는 한 편안히 휴식을 취했다. 초저녁 별들이 나타났다. 노인은 그 별 이름이 리겔성(오리온자리에서 두 번째로 밝은 별)이라는 것도 몰랐지만, 그 별이 보이면 곧 다른 별 친구들도 나타나게 된다는 걸 알았다.

"물론 저 고기 놈도 친구긴 하지." 그는 소리 내어 말했다. "저렇게 큰 고기는 지금까지 본 적도 없고 들은 적도 없어. 그래도 나는 저놈을 죽여야만 해. 하지만 별 친구들은 죽이지 않아도 되니 다행이지."

날마다 사람들이 달을 죽여야 한다면, 달은 멀리 달아나버리겠지. 또 날마다 해를 죽여야 한다고 상상해봐. 우리 인간은 운이 좋은 거야. 그는 생각했다.

그런 생각을 하다가 노인은 며칠 동안 아무것도 먹지 못한 그놈이 불쌍하다는 생각이 들었다. 그렇지만 그놈을 죽여야겠다는 결의가 조금도 꺾인 것은 아니었다. 저놈을 잡으면 얼마나 많은 사람들이 먹을 수 있을까? 하지만 사람들이 저 고기를 먹을 자격이 있는 걸까? 아니지. 그럴 자격은 전혀 없어. 저렇게 당당한 위엄과 침착한 행동을 하는 걸 보면 범상한 물고기는 아니다. 그러니까 저 고기를 먹을 자격이 있는 사람은 아무도 없지.

하지만 난 그런 어려운 문제는 잘 모른다. 어쨌든 해나 달이나 별들을 죽이지 않아도 된다는 것은 다행스러운 일이지. 바닷가에 살면서 우리와 가까운 형제들을 죽이는 것으로 충분해.

그럼 이제 제동장치(물고기의 속도를 늦추는 방법)에 대해 생각해야 돼. 거기엔 위험성도 있지만 유리한 점도 있어. 저놈이 필사적으로 달아나려고 애를 쓰는데 노가 제동장치 역할을 해서 배가 저항력이 커지면 줄을 더 풀어줘야 하고 까딱하면 놈을 놓치게 될 수도 있어. 반대로 배가 가벼워지면 저놈과 나에게 고통은 연장되겠지만 아직 속도를 낼 수 있는 기력이 남아 있으니까, 내겐 배가 가벼운 쪽이 안전할 거야. 어쨌든 간에 나는 만새기가 상하기 전에 어서 내장을 빼내고 살을 좀 먹고 기운을 차려야겠다. 그리고 한 시간 쯤 쉬고 나서 놈이 지치지 않았는지 살펴보고 뭔가 결정을 해야겠다. 그러면서 놈이 무슨 짓을 하는지 어떤 변화가 생겼는지 알게 될 것이다. 노를 묶어놓은 것은 괜찮은 생각이었지만 이젠 안전한 길을 택하자. 아직도 놈의 힘은 엄청나다.

낚싯바늘이 주둥이 한쪽에 박혀 있고 주둥이는 꽉 다물고 있다. 저렇게 거대한 놈에게 낚싯바늘이 주는 고통은 별거 아니겠지. 하지만 굶주림과 자기가 알 수 없는 상대와 싸우고 있다는 것이 큰 문제지. 이봐, 늙은 양반. 자네는 좀 쉬어야 해. 다음 일이 생길 때까지 저놈은 그냥 내버려두라고.

그는 두 시간쯤 휴식을 취했다. 늦도록 달이 떠오르지 않아서 시간을 짐작하기 어려웠다. 다른 때보다는 휴식을 좀 취한 편이지만 아직 몸에 충분한 휴식을 준 것은 아니었다. 노인은 여전히 놈이 끌고 가는 줄을 어깨로 버티고 있었는데, 왼손으로 뱃머리 측면을 잡고 줄의 무게를 배 자체에 맡기려고 했다.

만일 이 줄을 고정시킬 수만 있으면 편할 텐데. 그는 생각했다. 하지만 그러면 놈이 요동을 칠 경우 줄이 끊어지고 말 테지. 놈이 줄을 당기는 힘을 내 몸으로 제어하면서 언제든지 줄을 풀어줄 준비도 하고 있어야 한다.

"근데, 늙은 친구야. 자네는 아직 잠도 제대로 자지 못하지 않았나. 반나절과 하룻밤 그리고 하루가 지났는데 한숨도 자지 못했잖아. 그러니까 저놈이 얌전히 있는 동안에 좀 눈을 붙여야 할 거야. 잠을 못 자면 머리가 멍해지니까."

내 머리는 충분히 멀쩡해. 아주 멀쩡해서 저 멀리 있는 내 형제와 같은 별들처럼 명료해. 그래도 잠은 자야겠지. 별도 잠을 자고 해도 달도 잠을 자니까 말야. 바다조차도 조류가 없는 날이면 가끔 잠자기도 하지. 그러니까 잠자는 걸 소홀히 하면 안 돼. 억지로라도 자둬야 해. 그리고 낚싯줄 문제는 좀 더 간편하고 확실한 방법을 찾아내야 해. 이제 뒤쪽에 가서 만새기란 놈을 요리해야지. 잠을 자면서 노를 장해물로 묶어두는 것은 너무 위험부담이 커.

"나는 자지 않고도 견딜 수 있는데."

혼잣말을 했다. 하지만 그건 몸을 너무 혹사시키는 일이다. 그는 물고기에게 갑작스러운 자극을 주지 않으려고 조심스럽게 두 손과 무릎으로 기어서 선미 쪽으로 자리를 옮겼다. 그는 자기가 반쯤 수면 상태일지도 모른다는 생각을 했다. 하지만 물고기에게는 쉬게 하면 안 돼. 죽을 때까지 계속 배를 끌고 가야만 해.

선미 쪽으로 간 노인은 몸을 돌려 왼손으로 어깨를 압박하는 줄을 잡고 오른손으로 칼집에서 칼을 꺼냈다. 하늘엔 별이 많이 떠 있어서 만새기가 뚜렷이 보였다. 만새기의 대가리를 칼로 쑤셔 밑창에서 끌어올렸다. 발로 몸통을 밟고 항문에서 아가미까지 단숨에 쭉 갈랐다. 그 다음에 칼을 내려놓고 오른손으로 내장을 끄집어내고 아가미도 떼어냈다. 밥통을 만져보니 묵직하고 매끈거렸다. 칼로 갈라보니 그 속에 날치가 두 마리나 들어 있었다. 날치는 아주 싱싱하고 살이 탄탄했다. 두 마리를 옆에 나란히 내려놓고 내장과 아가미는 뱃전 밖으로 휙 던졌다. 그것들은 인광을 발하면서 물속으로 가라앉았다. 만새기의 몸통은 차가웠고 별빛 아래 나환자처럼 희뿌옇게 보였다. 그는 오른발로 고기의 머리 쪽을 밟고 한쪽 껍질을 벗겼다. 그리고 뒤집어서 반대쪽 껍질도 벗기고는 대가리에서 꽁지까지 살을 발라냈다.

그는 등뼈만 남은 만새기를 뱃전 밖으로 슬쩍 던지고는 물속에 소용돌이가 일어나는지 지켜보았다. 하지만 그저 희미한 인광을 보이며 가라앉을 뿐이었다. 노인은 몸을 돌려서 만새기 고기 두 덩어리 사이에 날치 두 마리를 끼우고, 칼집에 칼을 집어넣고 천천히 뱃머리 쪽으로 돌아갔다. 어깨에 걸쳐진 낚싯줄 때문에 노인의 등은 굽어져 있었고 오른손으로는 물고기를 들고 있었다.

뱃머리에 온 노인은 만새기 고깃덩어리 두 개를 판자에 나란히 내려놓고 날치도 그 옆에 놓았다. 그 다음 어깨에 걸고 있는 줄 위치를 바꾸고, 뱃전에 올려놓은 왼손으로 다시 줄을 붙잡았다. 노인은 뱃전에 기대어 손을 스쳐지나가는 물의 속도를 가늠하면서 날치를 씻었다. 만새기 껍질을 벗기느라 손에 인광이 묻어 거기에 닿는 물결이 뚜렷하게 보였다. 지나가는 물살은 좀 약해졌고, 뱃전 바깥에 손을 문지르니 인광이 떨어져나가 선미 쪽으로 흘러갔다.

"저놈도 지쳤거나 좀 쉬려는 거구나. 나도 만새기 고기를 먹고 쉬었다가 잠도 좀 자야겠구나." 노인이 혼잣말을 했다.

별이 가득한 하늘 아래, 차가운 밤의 냉기를 느끼며 그는 만새기 고깃덩어리 한쪽의 절반을 먹고, 내장과 대가리를 떼어버린 날치 한 마리도 먹어치웠다.

"만새기는 제대로 요리하면 아주 맛있는 생선인데. 날것으로 먹으면 정말 형편없는 맛이야. 다음부터는 소금이나 라임을 꼭 가져와야겠어." 노인이 말했다.

하지만 아까 낮에 머리를 써서 바닷물을 뱃전에 뿌려놓았으면 소금을 얻을 수 있었을 텐데. 하지만 만새기를 잡았을 때는 이미 해질 무렵이었지. 그렇긴 해도 준비 부족이라고 볼 수 있다. 아무튼 고기를 꼭꼭 천천히 씹어 먹었더니 구역질은 안 나는구나.

동쪽 하늘에 구름이 몰려오면서 낯익은 별들이 점점 사라졌다. 마치 거대한 구름의 골짜기에 빨려 들어가는 것 같았다. 바람은 완전히 멎었다.

"사나흘 후에는 날씨가 사나워지겠네. 오늘밤하고 내일까지는 걱정이 없어. 어이, 늙은 양반. 저놈이 얌전히 있는 동안에 잠이라도 자 두자고." 노인이 말했다.

노인은 오른손으로 낚싯줄을 단단히 잡고 그 위를 허벅지로 누르고 온몸의 무게를 뱃머리 판자에 실었다. 그리고 나서 어깨에 걸친 줄을 조금 낮추고 왼손을 그 위에 얹어 팽팽하게 만들었다. 줄이 팽팽한 동안에는 오른손으로 잡을 수 있을 것이다. 잠을 자는 동안 줄이 느슨해져서 풀려 내려가면 왼손이 나를 깨워줄 것이다. 오른손이 힘든 일을 담당하는 거지만 오른손은 힘든 일을 견디는 데 익숙하니까 괜찮겠지. 이삼십 분만 잘 수 있으면 좋을 것 같았다. 노인은 몸을 앞으로 웅크리고 낚싯줄에 기대어

오른손에 온몸을 지탱한 채 잠이 들었다.

그는 사자 꿈을 꾸지는 않았지만 12 내지 16킬로미터나 펼쳐진 돌고래 떼를 보았다. 놈들은 마침 교미하는 시기라서 공중으로 뛰어올랐다가 올라갈 때 생긴 구멍으로 다시 떨어지곤 했다. 그리고 나서 마을로 돌아와 자기 침대에서 자는 꿈을 꾸었다. 북풍이 불어와 무척 추웠고 베개 대신 팔을 베고 자서 오른팔이 저렸다.

그 다음 꿈엔 아득하게 길게 펼쳐진 금빛 해안이 눈에 들어왔다. 초저녁에 처음 사자 한 마리가 해변으로 나타나자 다른 사자들도 따라 나타났다. 노인은 저녁 미풍을 받으며 닻을 내린 뱃머리 판자에 턱을 고이고 앉아 사자들이 더 나타나지 않을까 기대하고 있었는데 기분이 상당히 유쾌했다.

달이 떠오른 지도 상당히 지났지만 노인은 여전히 잠에 빠져 있었다. 그놈은 여전히 낚싯줄을 끌고 가고 있었고 배는 구름 터널 속으로 들어가고 있었다.

노인은 오른손 주먹이 얼굴을 때리고 손바닥이 화끈거릴 만큼 줄이 풀려 내려가서 갑작스럽게 잠에서 깨어났다. 왼손에는 감각이 없었다. 그는 오른손으로 힘껏 줄을 잡아당겼지만 줄은 엄청난 속도로 풀려 내려갔다. 드디어 왼손으로도 줄을 잡을 수 있었다. 그는 몸을 뒤로 젖혀 등으로 눌러 버텼지만 왼손과 등은 마찰로 인해 타는 듯 뜨거웠다. 왼손으로 온힘을 다해 버티느라 왼손에 심한 상처가 생겼다. 몸을 돌려 줄이 감겨 있는 곳을 보니 줄이 술술 풀려 내려가고 있었다. 그때 놈이 물을 가르고 솟아올랐다가 묵직한 물소리를 내며 다시 물속으로 들어갔다. 그러고 나서 놈은 다시 연달아 물위로 뛰어올랐다. 줄은 계속 풀려나가는데도 배는 거칠고 빠르게 내달리고 있었다. 노인은 줄이 끊어질 정도로 팽팽히 당겼고 풀리면 또 힘껏 당기곤 했다. 그러다 갑자기 노인은 뱃머리 쪽으로 끌려가 넘어져 만새기 고깃덩어리에 얼굴을 처박고 몸을 꼼짝할 수가 없었다.

우려하던 일이 결국 일어났구먼. 그러니까 이제 사태를 침착하게 받아들여야지. 저놈에게 낚싯줄 값을 치르게 할 테다. 아무렴 그래야 하고말고.

그에겐 놈이 뛰어오르는 모습은 보이지 않고 바닷물이 갈라지는 소리와 수면에 떨어질 때 나는 묵직한 물소리만 들릴 뿐이었다. 낚싯줄이 너무 빨리 풀려나가는 바람에 손바닥을 심하게 베었다. 이 정도 상처는 진작부터 각오하고 있었다. 그래서 되도록 손바닥의 못이 박힌 부분으로 줄을 잡아서 손바닥에 상처가 나거나 아프지 않도록 노력했던 것이다.

만일 그 아이가 있었으면 낚싯줄 뭉치를 물로 적셔 놓았을 텐데. 노인은 생각했다. 그래, 그 아이가 있었으면 그렇게 해주었겠지. 그 아이가 같이 있었다면······.

낚싯줄은 지속적으로 풀려나갔지만 차츰 그 속도는 느려졌다. 노인은 자기 손끝으로 그것을 감지하고 있었다. 노인은 놈이 한 치라도 더 줄을 끌고 가기 힘들도록 만들고 있었다. 그제서야 그는 생선 고깃덩어리에 처박은 얼굴을 들 수 있었다. 무릎을 꿇고 천천히 몸을 일으켰다. 줄은 풀어주고 있었지만 속도는 더 늦추었다. 그에겐 보이지 않는 줄을 발로 더듬어 찾을 수 있는 곳으로 되돌아갔다. 줄은 아직 충분히 여유가 있었다. 놈은 이제 풀려 내려간 줄의 무게까지 부담하고 끌어야 하는 상황이었다.

그래! 노인은 생각했다. 놈은 열 번도 넘게 물위로 뛰어올랐으니 등줄기에 있는 부레에 공기가 가득 들어갔을 것이다. 그래서 내가 끌어올리기 힘들만큼 깊이 잠수하더라도 죽을 염려는 없을 것이다. 저놈은 이제 곧 빙글빙글 원을 그리며 돌겠지. 그때 내가 손을 써야지. 근데 왜 별안간 물위로 뛰쳐나왔을까? 배가 고파서 발버둥친 걸까? 아니면 캄캄한 물속에서 뭔가를 보고 놀랐나? 아니면 겁을 집어먹은 걸까? 하지만 그렇게도 위풍당당하고 침착하던 놈이었는데. 그가 생각하기에 이상한 일이었다. 노인의 생각은 꼬리에 꼬리를 물었다.

"이보게 늙은 양반아. 자네나 겁먹지 말고 자신감을 갖게나. 자네가 낚싯줄을 잡고는 있지만 줄을 잡아당기지도 못하고 있잖은가. 놈은 이제 곧 빙글빙글 돌 거야."

그는 왼손과 어깨로 줄을 제어하면서 몸을 낮추고 오른손으로 물을 떠다가 얼굴에 붙은 만새기 고깃점을 씻어냈다. 그대로 두면 욕지기를 일으켜 기력이 소모될지도 몰랐기 때문이다. 얼굴을 씻어내고 오른손을 뱃전 밖으로 늘어뜨려 물에 담갔다. 해가 뜨기 직전이라 동쪽 하늘이 희뿌옇게 보였다. 놈은 동쪽으로 향하고 있군. 이건 놈이 지쳐서 조류를 따라 움직이고 있다는 얘기다. 얼마 후 빙글빙글 돌기 시작할 거야. 그때가 바로 우리의 진짜 싸움이 시작되는 거지.

오른손을 충분히 담갔다고 판단한 노인은 손을 꺼내어 살펴보았다.

"그다지 대수롭지는 않군. 사내에게 이 정도 상처가 무슨 대수인가." 노인이 말했다.

그는 새로 생긴 상처에 낚싯줄이 파고들지 않도록 조심해서 줄을 바꿔 잡고 물고기 무게를 다른 쪽으로 옮겼다. 다음엔 왼손을 반대편 뱃전 너머로 물에 넣었다.

"네가 쓸데없는 짓을 하다가 이렇게 다친 건 아니다. 하지만 네가 어디 있는지 보이지 않을 때가 있었구나." 그가 자기 왼손을 보고 말했다.

내 왼손은 왜 오른손처럼 튼튼하게 타고나지 못했을까? 물론 오른손만 주로 사용하여 왼손은 훈련이 부족했던 건 내 잘못이겠지. 하지만 배울 기회는 얼마든지 있었지. 그래도 지난밤에는 쥐가 한 번 나긴 했지만 그다지 나쁘진 않았어. 만일 왼손 네가 다시 쥐가 난다면 낚싯줄에 손이 잘려도 신경 쓰지 않으련다.

이런 생각을 하던 노인은 문득 자기 머리가 맑지 않다는 것을 자각했다. 그래서 만새기를 더 먹어둬야겠다고 생각했다. 하지만 저건 먹을 수가 없겠어. 영양을 보충하기 위해 머리를 처박

았던 고깃덩어리를 먹었다간 구토가 나서 기력을 잃을 가능성이 높아. 상하기 전까진 비상용으로 보관해두자. 뭔가를 먹어서 기력을 높이기엔 너무 늦었어. 넌 왜 이리 멍청하냐. 한 마리 남은 날치를 먹으면 되는 건대.

날치는 언제든 먹을 수 있도록 깔끔하게 준비되어 있었다. 노인은 왼손으로 날치를 집고 뼈도 꼭꼭 씹어서 꼬리까지 전부 먹어치웠다.

날치는 어떤 생선보다도 영양분이 많아. 노인은 생각했다. 적어도 내게 필요한 영양분은 얻을 수 있지. 내가 할 수 있는 일은 다 한 셈이군. 그럼 이제 놈이 빙글빙글 선회하도록 만들어서 한번 싸워보자.

노인은 바다에 나온 이후 세 번째 일출을 보게 되었다. 그때 놈이 빙글빙글 돌기 시작했다.

낚싯줄의 경사도만 봐서는 놈이 확실하게 돌고 있는지 알 수가 없었다. 그러기엔 아직 이른 시점이었다. 하지만 놈이 줄을 당기는 힘이 느슨해진 것을 눈치 채고 오른손으로 조금씩 당기기 시작했다. 줄은 여전히 팽팽하긴 했지만 끊어질 듯한 정도에 이르자 조금씩 줄이 끌려오기 시작했다. 그는 어깨와 머리에서 줄을 빼내고 조심스러우면서도 꾸준히 줄을 당겼다. 두 손을 사용하되 몸과 다리를 최대한 활용하여 줄을 끌어당겼다. 그는 늙어서 약해진 다리와 어깨를 줄을 당기는 동작의 축으로 삼았다.

"굉장히 큰 원을 그리는구나. 저놈이 지금 큰 원을 그리며 돌고 있는 거야." 노인이 말했다.

이윽고 줄은 더 이상 당겨지지 않았고, 노인은 팽팽한 줄에서 물방울이 튕겨 햇빛에 반짝이는 것을 보았다. 바로 그때 줄은 다시 풀려나갔고 노인은 무릎을 꿇고 안타까운 마음으로 줄이 캄캄한 물속으로 끌려 내려가는 것을 보고 있었다.

"지금 놈은 회전하는 원의 가장 먼 곳을 돌고 있구나."

될 수 있는 한 줄을 늦추지 말고 당겨야겠다. 그는 생각했다.

내가 힘껏 당기고 있으면 저놈이 도는 원의 크기도 작아지겠지. 잘하면 한 시간 후에 저놈의 모습을 보게 될 수도 있다. 이젠 저놈에게 따끔한 맛을 보여줘야겠군.

하지만 놈은 꿈쩍도 하지 않고 계속 돌고 있었다. 두 시간이 지나자 노인의 온몸은 땀으로 흠뻑 젖었고 피로감은 극도에 달했다. 그래도 놈의 회전 반경은 상당히 짧아졌고 또한 낚싯줄의 경사도로 보아 놈이 지속적으로 수면을 향해 올라오고 있음을 알 수 있었다. 한 시간 전부터 노인의 시야는 검은 반점이 어른거렸고 땀이 눈으로 흘러들어 따가웠다. 눈 위와 이마에 난 상처가 쓰라렸다. 하지만 눈앞을 어른거리는 검은 반점은 별로 걱정하지 않았다. 낚싯줄을 힘껏 잡아당길 때면 으레 나타나는 현상이었기 때문이다. 하지만 두 번 연속으로 어지러운 현기증을 느낀 것은 걱정스러웠다.

"이런 대어를 앞에 두고 죽을 수는 없어. 저렇게 멋지게 생긴 놈이 다가오는데. 하느님, 저에게 버틸 수 있는 힘을 허락하소서. 주기도문과 성모송을 백 번 씩 외우겠습니다. 지금 당장은 할 수 없지만요." 그가 말했다.

지금은 일단 외운 것으로 해주세요. 그가 생각했다. 나중에 꼭 제대로 외울 테니까요.

바로 그때 노인은 두 손으로 잡고 있던 낚싯줄이 갑자기 당겨지는 것을 느꼈다. 그 힘은 묵직하고 굉장한 기세였다.

저놈이 지금 창같이 뾰족한 주둥이로 낚싯줄을 부딪치고 있구나. 그렇게 나올 줄 예상했다. 그럴 수밖에 없었을 것이다. 하지만 그 때문에 뛰어오를지도 모르겠군. 그냥 이대로 빙글빙글 돌기나 했으면 좋겠는데. 공기를 채우려면 물위로 뛰어올라야겠지. 하지만 뛰어오르게 되면 낚싯바늘이 박힌 상처가 벌어져서 결국 몸에서 빠져버릴 수도 있어.

"뛰어오르지 마라! 이놈아. 뛰지 마!"

놈은 이후에도 대여섯 번 줄을 들이받았고 또 대가리를 흔들

때마다 노인은 줄을 풀어주었다.

저놈의 고통을 지금 정도에서 유지시켜줘야 할 텐데. 노인은 생각했다. 내 고통은 상관없어. 난 견딜 수 있으니까. 하지만 저놈은 고통이 심해지면 미쳐 날뛸 거야.

얼마 후 놈은 철사 낚싯줄을 들이받기를 그만하고 다시 천천히 원을 그리며 돌기 시작했다. 노인도 쉬지 않고 줄을 끌어당겼다. 그런데 노인에게 또 다시 아찔한 현기증이 찾아왔다. 그는 왼손으로 바닷물을 떠서 머리를 적셔 보았다. 그리고 목덜미도 물로 적시고 손바닥으로 문질렀다.

"그래도 쥐가 나지 않아서 다행이다. 금방 놈이 물위로 올라올 거야. 나는 버틸 수 있어. 아니 반드시 버텨내야 해. 당연한 일이지." 그가 말했다.

그는 뱃머리에 기대어 무릎을 꿇고 잠시 줄을 등 위로 젖혀 놓았다. 저놈이 멀리서 돌고 있는 동안은 좀 쉬어야겠다. 나중에 가까이 다가오면 일어나 싸워야지. 그는 이렇게 결심했다.

노인은 뱃머리에 앉아 휴식을 취하는 동안은 줄을 당기지 않고 놈이 혼자 돌도록 내버려두고 싶은 마음이 간절했다. 하지만 줄이 팽팽한 정도를 보건대 놈이 배를 향해 접근하고 있음을 노인은 알아챘다. 노인은 자리에서 벌떡 일어나 마치 베를 짜는 모습처럼 양 팔을 번갈아 움직여 줄을 당겼다.

이렇게까지 지치고 피곤했던 적은 없었는데, 그는 생각했다. 이제 무역풍이 불어오는구나. 이 바람은 놈을 끌고 가기에 도움이 되겠다. 원하고 바라던 바람이었다.

"저놈이 다시 멀리 빙글빙글 돌면 쉬어야겠구나. 기분이 한결 좋아졌어. 앞으로 두세 바퀴 더 돌면 잡을 수 있을 거야."

그의 밀짚모자는 뒤통수 쪽에 걸려 있었다. 놈이 바깥으로 방향을 돌렸을 때 그는 줄의 힘에 끌려 뱃머리 쪽에 주저앉고 말았다.

물고기 놈이 여전히 열심히 움직이고 있구먼. 노인은 생각했다. 하지만 네가 돌아오면 잡아주마.

파도가 상당히 높이 일렁이고 있었다. 하지만 그것은 좋은 날씨를 예고하는 미풍이 일으킨 것이었다. 나중에 집에 돌아갈 때 필요한 바람이었다.

"배를 서남쪽으로 움직여야겠군. 사내가 바다에서 길을 잃지는 않지. 게다가 이곳은 기다란 섬이니까." 그가 말했다.

노인이 그 물고기를 처음 본 것은 놈이 세 바퀴째 돌 때였다. 처음엔 배 아래를 통과하는 데 시간이 오래 걸려서 그 거대한 크기를 보고도 믿을 수 없을 정도였다.

"아냐, 놈이 이렇게까지 클 리가 없어."

하지만 놈은 실제로 그렇게 거대했다. 놈은 마침내 빙글빙글 선회를 멈추고 약 27미터 떨어진 곳에 떠올랐고, 그는 물위로 노출된 놈의 꼬리를 보았다. 꼬리는 커다란 낫보다도 더 길고 날카로웠다. 짙은 바닷물을 통해 보니 보랏빛을 띠고 있었다. 꼬리는 뒤로 기울어져 있었다. 놈이 수면 바로 아래를 지나갈 때 거대한 몸통과 보라색 줄무늬가 보였다. 등지느러미는 처져 있었고 가슴지느러미는 양쪽으로 펴고 있었다.

그때서야 노인은 놈의 눈을 볼 수 있었다. 게다가 놈의 주위를 배회하는 회색 빨판상어 두 마리도 눈에 띄었다. 상어들은 놈에게 바짝 붙었다가 좀 떨어지기를 반복했다. 가끔 놈의 아래쪽에서 유유히 헤엄치기도 했다. 상어들은 길이가 1미터 정도였는데 빨리 나아갈 때는 뱀장어처럼 힘차게 몸을 움직였다.

노인은 땀을 상당히 흘리고 있었는데 햇볕 때문만은 아니었다. 놈이 유유히 침착하게 선회할 때마다 그는 줄을 잡아당겼다. 두 바퀴만 더 돌면 작살을 꽂을 기회가 올 거라고 확신했다. 하지만 놈을 가까이 아주 가까이 오게 해야 해. 그리고 작살을 대가리에 꽂으면 안 돼, 일격에 심장을 찍어야 해.

"늙은이, 침착하게 움직여, 그리고 힘을 내라."

다음 선회를 할 때 놈의 등은 수면 위로 노출되었지만 아직 배에서 거리가 너무 멀었다. 그 다음 기회에도 아직 거리가 멀었다. 그런데 놈의 몸통이 수면 위로 더 많이 노출되었기 때문에 그는 줄을 좀 더 잡아당기면 배와 더 가까워질 수 있을 것이라고 생각했다.

노인은 진작 작살을 준비해 두었고 작살에 연결된 가는 줄은 감아서 둥근 광주리 안에 넣어두고 그 끝은 뱃머리 말뚝에 튼튼하게 묶어 두었다.

놈은 유유히 우아한 몸집을 보이며 접근하고 있었다. 노인은 놈을 가까이 끌어들이려고 줄을 열심히 끌어당겼다. 놈은 잠시 옆으로 기우뚱하더니 이내 몸을 다시 세우고는 다시 선회하기 시작했다.

"내가 저놈을 움직였구나. 내가 저 거대한 놈을 움직였다고!" 노인은 말했다.

노인은 또 머리가 어지러웠으나 온힘을 다해 낚싯줄을 붙잡고 버텼다. 내가 저놈을 움직였어. 그는 생각했다. 이번에는 놈을 끝장내버릴 수 있을지도 몰라. 손아, 열심히 당겨라! 그리고 두 다리야, 끝까지 버텨다오. 머리야, 너도 날 위해 잘 견뎌다오. 지금껏 한 번도 정신을 잃은 적은 없잖니. 이번에는 분명히 놈을 끌어오고야 말 테다.

사력을 다해 놈을 끌어당겼으나 놈은 몸통을 기우뚱했다가 다시 똑바로 자세를 잡고 달아나버렸다.

"물고기야, 이놈아 너는 어차피 죽을 수밖에 없잖니. 너도 나를 죽여야겠니?" 그가 말했다.

그렇게 되면 지금까지 한 일은 모두 허사가 되고 마는 거지. 노인은 생각했다. 입안이 바짝 말라버려 말도 나오지 않았다. 이젠 물통 있는 곳까지 움직이지도 못할 정도였다. 이번에는 틀림없이 놈을 뱃전으로 나란히 끌어와야 해. 노인은 생각했다. 놈이 저렇게 계속 돈다면 내가 견디지 못할 거야. 아니지, 그럴 리는 없어. 난 끄떡없어.

놈이 다시 돌기 시작했고 그는 놈을 거의 붙잡을 뻔했다. 그러나 놈은 몸을 바로 세우고 유유히 달아나버렸다.

이놈! 네놈이 나를 죽이고 있구나. 노인은 생각했다. 하지만 네게도 그럴 자격은 있지. 근데 친구야, 난 여태까지 너만큼 거대하고 너만큼 아름답고 너처럼 침착하고 고상한 물고기는 본 적이 없다. 그러니까 네가 나를 죽인데도 별로 분하지 않을 거 같구나. 이제 내 머리가 멍해지고 있어. 그는 생각했다. 머리속이 좀 차분해져야 해. 사내답게 끝까지 고통을 참아내도록 생각을 해보자. 저 물고기처럼 고통을 견뎌내야 해.

"머리야, 맑아져라!" 노인은 자기 귀에도 들리지 않을 정도로 작은 소리로 말했다. "머리야, 정신 차리자!"

놈이 배 주위를 두 바퀴 더 돌았지만 상황은 마찬가지였다.

이젠 어떻게 될지 모르겠다. 노인은 생각했다. 줄을 잡아당길 때마다 거의 기절할 것 같은 상태였다. 이제 어떻게 해야 할지 모르겠다. 하지만 한 번만 더 해보자.

노인은 한 번 더 힘을 쏟았다. 마침내 놈이 휘청거렸다. 그때 노인도 정신이 어지러워 혼미해졌다. 놈은 또 다시 몸을 일으켜 세우고 커다란 꼬리를 수면 위에서 좌우로 흔들며 유유히 달아나 버렸다.

다시 한 번 해봐야겠다. 노인은 속으로 결심했다. 하지만 두 손에는 흐물흐물 힘이 들어가지 않고 두 눈은 사물이 뿌옇게 되어 순간적으로만 보였다. 노인은 다시 해보았지만 역시 허사였다. 그는 실행에 옮기기 전에 이미 머리가 혼미해지는 것을 느꼈다. 그래도 또 한 번 해보자.

노인은 온갖 고통과 마지막 남아 있는 힘과 과거에 사라진 자존심까지 총동원하여 놈의 마지막 고통과 대결했다. 놈은 이쪽으로 접근하여 주둥이가 뱃전에 닿을 정도 거리로 부드럽게 옆을 지나갔다. 은빛 몸통을 수놓은 보랏빛 줄무늬는 물속까지 끝없이 이어져 있는 듯 보였다.

노인은 손으로 잡고 있던 낚싯줄을 한쪽 발로 밟았다. 그 다음 작살을 가능한 한 높이 치켜들었다가 마지막 힘을 내어, 아니 지금까지 발휘했던 힘과는 비교도 안 되는 힘을 끄집어내어 노인의 가슴 높이까지 솟아오른 놈의 가슴지느러미 뒤쪽 옆구리에 꽂았다. 작살의 날이 놈의 살 속을 파고드는 것을 느끼면서 작살에 자신의 체중을 실어 더욱 깊이 박아넣었다.

죽음을 앞둔 놈은 갑자기 마지막 기력으로 수면 위로 솟아올랐다. 놈의 몸통은 기나길고 육중한 덩치에다 어마어마한 위력과 아름다움을 아낌없이 보여주었다. 놈은 순간적으로 배 안에 있는 노인의 머리 위에 걸려 있는 것처럼 보이더니 이윽고 굉음을 내며 물속으로 추락하며 일어난 물보라가 노인과 배 위를 온통 젖게 만들었다.

그는 머리가 몽롱하고 속이 메스꺼워졌다. 게다가 눈도 잘 보이지 않았다. 하지만 노인은 쉬지 않고 작살 줄이 엉키지 않게 정리했다. 속살이 노출된 두 손으로 천천히 낚싯줄을 풀어주었다. 그제서야 간신히 눈이 보이기 시작했다. 놈이 은빛 뱃살을 드러내고 물에 떠 있는 것이 보였다. 작살 자루가 놈의 어깨 쪽에 비스듬히 꽂혀 있었다. 주변 바다는 놈의 심장에서 쏟아져 나온 피로 붉게 물들었다. 처음엔 1.5킬로미터 이상 검푸른 바다에 떠 있는 고기떼처럼 시커멓게 보이더니 얼마 후 구름처럼 번져 나갔다. 은빛을 띤 놈은 이제 파도와 함께 조용히 움직이고 있었다.

노인은 희미하게 흔들리는 눈으로 그 광경을 바라보았다. 작살의 밧줄을 뱃머리 말뚝에 두 번 감아놓고 두 손으로 머리를 감쌌다.

"정신을 똑바로 차리자." 노인은 뱃머리 판자에 몸을 기대고 말했다.

"나는 늙은데다가 이제 완전히 녹초가 되어버렸다. 그런데 내 형제인 이 물고기를 죽였다. 이제 노예처럼 뒤처리를 해야 한다."

이제 올가미와 밧줄로 저놈을 배 옆구리에 나란히 묶어야 해. 노인은 생각했다. 그리고 설사 도와줄 사람이 한 명 있다고 해도 지금 저놈을 배안에 실을 수는 없어. 배에 물이 차서 가라앉고 말 테니까. 아무리 물을 퍼낸다 해도 말이지. 저놈을 배 옆에 잘 묶은 다음 돛대를 세우고 집으로 돌아가야겠다.

노인은 밧줄을 아가미에 넣어 주둥이로 빼냈다. 대가리를 뱃머리 옆에 단단히 묶어놓았다. 이놈을 찬찬히 만져보기도 하고 들여다보고 싶다. 이놈은 이제 내 재산이니까. 노인은 생각했다. 하지만 내가 이놈을 만져보고 싶은 건 그 이유 때문만은 아냐. 내가 두 번째 작살을 찔러넣을 때 이놈의 심장을 느껴보았다. 그럼 이제 이놈을 바짝 끌어당겨 꼬리와 배에 올가미를 걸어 놓고 배에 묶어야겠다.

"늙은 양반아, 이제 일을 해보자." 그는 이렇게 말하고 물을 한 모금 마셨다. "격전을 치렀으니 이제 노예처럼 중노동을 해야겠구먼."

노인은 하늘을 쳐다보고 나서 그놈에게 시선을 돌렸다. 해의 위치를 가늠해보니 정오가 지난 지 얼마 안 되었다. 무역풍이 불어오고 있었다. 이제 낚싯줄은 아무래도 괜찮다. 집에 돌아가서 그 아이와 함께 다시 꼬아서 이으면 되니까.

"자, 이리 오너라. 고기야."

그러나 고기는 다가오지 않았다. 그러기는커녕 바다에 누워 파도에 몸을 맡기고 있었다. 노인은 배를 움직여 물고기에게 다가갔다. 물고기 옆에 배를 대고 묶으려고 할 때 놈의 거대함에 다시 놀랐지만 차분히 할 일에 착수했다. 먼저 작살 밧줄을 말뚝에서 풀어서 그걸 놈의 아가미로 넣어 턱으로 빼내고 창처럼 뾰족한 주둥이를 한 번 감아서 반대편 아가미로 빼냈다. 그리고 다시 주둥이를 감고 양끝을 매듭짓고 뱃머리에 있는 말뚝에 묶어놓았다. 그리고 밧줄을 잘랐다. 이젠 꼬리에 올가미를 거는 일이 남았다. 노인은 선미 쪽으로 갔다. 원래 보랏빛과 은빛이 섞여 있던 몸통은 이제 은빛으로만 변해 있었고, 줄무늬는 꼬리와 같이 연한 보라색이었다. 줄무늬의 두께는 손가락을 쫙 편 어른 손바닥보다도 넓었다. 눈은 잠망경의 반사경처럼 또는 행렬을 따라 걸어가는 성자처럼 초연해 보였다.

"그놈을 죽이는 것은 그 방법밖에 없었어."

노인은 중얼거렸다. 물을 마시고 나니 기분이 한결 좋아졌다. 기절할 것 같지도 않고 머리도 맑아졌다. 몸통을 보니 680킬로그램은 되겠군. 아니 그보다 더 나갈지도 몰라. 내장을 버리고도 3분의 2가 남을 텐데. 450그램에 30센트씩 받는다면?

"계산을 하려면 연필이 필요하겠네. 하지만 머리가 멍해서 계산은 할 수가 없군. 그래도 그 대단한 디마지오도 오늘의 나를 봤다면 자랑스럽게 생각했을 거다. 디마지오처럼 발뒤꿈치에 뼈돌기는 없지만 손과 등은 정말 고통스러웠어." 노인이 말했다.

발뒤꿈치에 생기는 뼈돌기는 어떤 증세일까? 몰라서 그렇지 우리에게도 그런 증세가 있는지도 몰라.

노인은 고기를 뱃머리와 가운데 그리고 선미 쪽에 단단히 묶었다. 고기가 너무나 거대하여 마치 더 큰 배를 나란히 붙여놓은 것 같았다. 주둥이가 벌어지지 않도록 줄 한 가닥으로 아래턱을 주둥이에 묶었다. 그렇게 해야 저항을 줄이고 배가 순조롭게 달릴 수 있기 때문이었다. 그 다음 돛대를 세우고 갈고리대와 가름대 등 장비를 갖추고 누더기처럼 기운 돛을 펼쳤다.

드디어 배가 움직이기 시작했다. 그는 나침반이 없어도 서남향을 알 수 있었다. 무역풍이 불어오는 감촉을 알기 때문에 돛이 이끄는 대로 움직이면 충분했다. 짧은 낚싯줄에 가짜미끼라도 달아서 뭐든 잡아 배를 채우고 목도 축여야겠는데. 하지만 가짜미끼는 보이지 않았고 잡아놓은 정어리는 이미 썩어서 사용할 수도 없게 되었다. 그래서 하는 수 없이 갈고리로 누런 해초 한 조각을 건져서 뱃바닥에 털어보니 거기에서 작은 새우가 바닥에 떨어졌다. 그중 서너 마리는 먹을 만해 보였다. 잔 새우가 열 마리도 넘게 발밑에서 모래벼룩처럼 튀어올랐다. 그는 엄지와 검지로 새우의 머리를 뜯고 껍질과 꼬리를 통째로 씹어 먹었다. 새우가 작긴 하지만 영양이 풍부하고 맛도 괜찮다는 것을 노인은 알고 있었다.

물병에는 두 번 마실 물이 남아 있었는데 새우를 먹고 나서 한 번 마실 양의 반만 마셨다. 배는 무거운 짐을 묶었는데도 순조롭게 달리고 있었고, 그는 키 손잡이를 움직여 배를 조종했다. 고기는 눈에 잘 들어왔다. 그는 갈라진 손바닥을 들여다보고 선미에 기댄 등의 상처에 통증이 느껴지자 비로소 꿈을 꾸는 것이 아니라 실제 상황이라는 것을 실감했다. 놈과의 싸움이 마무리 될 무렵엔 너무 힘겨워서 혹시 꿈을 꾸는 것은 아닌가 하는 생각이 들기도 했다. 놈이 수면 위로 솟아올라 물에 떨어지기 직전 공중에 떠 있는 듯한 광경을 봤을 때 비현실적으로 느껴져 믿어지지가 않았다. 지금도 시력이 좋지 않지만 그때는 더욱이나 시야가 제대로 보이지 않았던 것이다.

이제는 고기가 실제로 존재하고 자기 손바닥과 등도 실제로 아프다는 것을 깨달았다. 손바닥의 상처는 얼마 가지 않아 나을 것이다. 출혈이 멎었으니 바닷물에 담그면 금방 낫겠지. 깊은 바다의 물은 어부들에게 무엇보다 효험 있는 약이니까. 두 손은 제 할 일을 해냈고 배는 항구를 향해 순조롭게 달리고 있다. 이제 머리만 맑아지면 되는 거다.

고기는 주둥이를 꽉 다물고 꼬리만 위아래로 흔들거리며, 저놈과 나는 마치 형제처럼 항해하고 있지 않은가. 그런데 노인의 머리가 차츰 몽롱해지기 시작했다. 저놈이 나를 데려가고 있는 건가? 내가 저놈을 끌고 가고 있는 건가? 내가 저놈을 배 뒤에 끌고 가고 있다면, 아니면 저놈이 위엄을 잃어버리고 배안에 실려 있다고 하면 이런 이상한 생각이 들 리는 없을 것이다. 하지만 저놈과 배는 서로 묶인 채 나란히 항해하는 중이야. 그래서 이런 혼

란스러운 생각이 드는 것이다. 하지만 설사 저놈이 나를 끌고 가는 거라도 상관은 없다. 나에겐 지혜가 있어서 저놈보다 좀 나은 것뿐이고 저놈이 나를 해치려는 건 아니니까 말이다.

그들은 육지를 향해 순조롭게 진행하고 있었다. 노인은 두 손을 바닷물에 적시면서 정신을 차리려고 무척 애를 썼다. 하늘 높이 뭉게구름이 떠 있는 걸 보니 밤새 미풍이 불 것이라는 것을 노인은 알고 있었다. 그는 꿈이 아닌 현실임을 인식하고 싶어서 고기에서 시선을 떼지 않았다.

상어로부터 처음 공격을 받은 것은 그로부터 한 시간 후의 일이었다. 상어의 습격은 우연이 아니었다. 놈의 심장에서 흘러나온 시커먼 피가 1.5킬로미터 깊이의 바다에 번져나가자 상어가 깊은 바다에서 수면까지 추격해온 것이다. 상어는 무서운 속도로 거침없이 올라와 수면을 헤치고 햇볕에 모습을 드러냈다. 그리고 다시 물속으로 들어가 피 냄새를 쫓아 조각배와 고기의 경로를 따라 물을 가르고 달려온 것이다.

상어는 피 냄새를 잠시 잃었다가 다시 감지해내어 맹렬한 기세로 추격해왔다. 몸집이 거대하고 바다에서 속도로 따지자면 당할 자가 없는 마코상어(mako shark 우리말로 청상아리, 3.5m 길이에 시속 60km로 헤엄칠 수 있다)였다. 그 상어는 위협적인 주둥이만 제외하면 아름다운 체형을 가진 놈이었다. 잔등은 황새치처럼 푸르고 배는 은빛을 띠고 가죽은 매끈하게 보였다. 수면 바로 아래에서 등지느러미를 흔들지 않고 마치 칼날이 물을 가르듯 지나가는데 커다란 주둥이를 꽉 다문 모습 말고는 흡사 황새치처럼 보였다. 굳게 다물고 있는 주둥이 속에는 이빨이 여덟 줄로 박혀 있었다. 여느 상어처럼 피라미드 모양이 아니라 사람의 손가락 크기로 오그린 매 발톱처럼 휘어져 있었다. 양쪽 끝이 마치 면도날처럼 예리하게 보였다. 바다에 사는 물고기라면 어떤 종류라도 잡아먹을 수 있을 것 같았다. 놈은 동작이 엄청나게 빠르고 힘이 강력하여 어떤 물고기도 당해낼 수가 없을 정도였다. 그런

무시무시한 놈이 신선한 피 냄새를 감지하고, 지느러미로 굉장한 속도를 내며 쫓아온 것이다.

노인은 그놈이 다가오는 모습을 보고, 바다에서 무서운 게 없고 내키는 대로 무슨 짓이든 저지르는 난폭한 놈이라는 것을 알아챘다. 그래서 놈을 보면서 작살을 챙겨놓고 밧줄에 단단히 묶어두었다. 하지만 고기를 묶어두느라 잘라 사용했기 때문에 길이가 짧았다.

이제 노인의 머리는 충분히 맑은 상태였고, 상어에 대한 전투 의지는 충분했지만 희망은 별로 가질 수가 없었다. 좋은 일은 오래가지 못하는 법이라고 생각했다. 상어가 접근하는 것을 보면서 대어를 잠시 쳐다보았다. 차라리 이것도 꿈이었으면 좋겠다는 생각이 들었다. 상어의 공격을 피할 수는 없겠지만 잘하면 죽일 수도 있을 거다. 덴투소(스페인어로 '날카로운 이빨', 마코상어를 가리킴), 이런 빌어먹을 놈.

상어가 번개처럼 배 뒤쪽으로 습격하여 묶인 고기를 덮쳐 물어뜯는 순간, 노인은 놈의 벌어진 주둥이와 괴이한 눈알을 쳐다보았다. 고기를 물어뜯을 때 짤깍거리는 소리가 났다. 상어의 대가리가 수면 위로 쑤욱 올라오고 등과 옆구리까지 보였다. 노인은 상어의 대가리를 겨냥했다. 그리고 놈의 두 눈 사이의 줄무늬와 코에서 올라온 줄무늬가 마주치는 지점에 작살을 꽂아 넣었다. 상어의 가죽과 살이 갈라지는 소리가 들렸다. 노인의 눈에는 커다랗고 뾰족한 대가리와 큰 눈, 위협적인 이빨로 뭐든 물어뜯는 주둥이가 보일 뿐이었다. 노인은 거기에 골이 있음을 알고 작살을 꽂아 박은 것이었다. 그는 있는 힘껏 피범벅이 된 두 손으로 작살을 잡고, 희망은 보이지 않지만 단호한 결의와 가차 없는 적개심을 가지고 내리쩍은 것이다.

상어는 몸뚱이를 한 바퀴 옆으로 굴렸고 노인이 보기에 상어의 눈알은 더 이상 살아있지 않았다. 하지만 상어는 몸을 다시 뒤집어서 밧줄로 제 몸을 두 바퀴를 감았다.

노인은 상어가 이제 죽었음을 알았지만 상어는 아직 죽음을 인정하지 않는 것 같았다. 배때기를 위로 보이고 누운 상어는 꼬리로 물을 치고 이빨로 소리를 내며 흡사 경주용 보트처럼 물살을 헤치고 몸부림치며 달아났다. 꼬리로 물을 후려칠 때마다 수면엔 하얀 물보라가 일어났다. 이윽고 작살이 꽂힌 밧줄이 팽팽해지고 부르르 떨리더니 툭 끊어져버렸다. 상어의 몸통은 사분의 삼 정도 수면 위로 드러났다. 노인도 그저 가만히 상어를 지켜보았다. 상어는 수면 위에 잠시 머물러 있다가 천천히 물속에 가라앉기 시작했다.

"저 망할 놈이 18킬로그램 정도 뜯어먹었겠군."

노인이 중얼거렸다. 내 작살과 밧줄도 모두 가져가버렸어. 내 고기가 피를 흘리고 있으니 다른 상어 놈들이 좇아오겠군. 그가 생각했다.

그는 살점이 뜯겨나간 고기를 이제 차마 보고 싶지 않았다. 고기의 살점이 뜯길 때 마치 자기 살이 뜯기는 것 같은 느낌을 받았다.

하지만 나는 내 물고기를 습격한 상어를 해치웠어. 노인은 생각했다. 그놈은 지금까지 본 것 중에 제일 큰 마코상어야. 큰 놈들을 많이 봐 왔지.

이렇게 엄청난 행운이 오래갈 리가 없지. 죽을힘을 다해 대어를 잡은 일도 그냥 꿈이었으면 좋겠다. 지금 집에서 신문지를 깔고 침대에 누워있다면 좋겠어.

"인간은 패배하라고 만들어진 것이 아니야." 노인이 말했다. "파멸당할 수는 있어도 패배할 수는 없어."

고기를 죽인 것이 후회스럽군. 그는 생각했다. 이제부터가 정말 힘들어질 텐데. 내게는 이제 작살도 없다. 마코상어는 잔혹하고 굉장히 힘이 세고 머리도 영리하지. 하지만 내가 더 영리했지. 아니, 그게 아니라 내가 좀 더 괜찮은 무기를 갖추고 있었던 것뿐이야.

"늙은 양반, 괜한 생각하지 말고 배나 잘 몰고가자고. 일이 닥치면 그때 싸우면 되는 거지." 노인이 큰 소리로 말했다.

그래도 생각을 안 할 수가 없어. 내게 남은 거라곤 생각하는 것하고 야구밖에 없잖은가. 근데 디마지오 선수는 내가 상어의 대가리를 쑤시는 것은 봤다면 뭐라고 했을까? 뭐 그렇게 굉장한 솜씨라곤 할 수 없을 테고, 누구라도 할 수 있는 일이었겠지. 그런데 찢어진 내 손바닥이 디마지오의 발뒤꿈치만큼 불리한 조건이었을까? 알 수 없는 노릇이야. 헤엄을 치다가 가오리를 밟아 침에 찔려 다리가 마비되고 참을 수 없을 정도로 아팠던 경우를 빼면 발에 상처가 난 적은 없었으니까.

"늙은 양반아, 좀 더 유쾌한 생각을 해보자고. 이제 점점 집이 가까워지고 있으니까. 고기의 살점이 18킬로그램만큼 떨어져 나가서 그만큼 가벼우니까 더 빨리 달리고 있어."

하지만 노인은 배가 조류 안으로 들어가면 어떻게 되리라는 걸 잘 알고 있었다. 지금으로선 달리 방법은 전혀 없었다.

"아냐, 뭔가 방법이 있을 거야. 노 끝에 칼을 묶어놓으면 돼." 노인이 큰 소리로 말했다.

그는 키를 겨드랑이에 끼우고 발로 돛자락을 밟고 무기를 만들었다.

"난 그저 늙은이지만 이제 무기가 없는 것도 아니야."

다시 미풍이 불어왔고 배는 순조롭게 달리고 있었다. 노인은 대어의 손상되지 않은 앞부분만 바라보고 있으니까 노인의 마음에 희망이 다시 돌아왔다.

희망을 포기하는 것은 어리석은 일이야. 아니 그건 죄악이다. 죄에 대해서는 생각하지 말기로 하자. 지금은 죄악(여기에서는 종교적인 의미임)에 대해 생각할 상황이 아니잖은가. 게다가 죄악이 뭔지도 잘 모르니까.

나는 죄악에 대해 잘 알지도 못하고, 그런 게 있는지도 확실히 인식하지 못하고 있어. 그렇다 치더라도 내가 큰 고기를 죽인 것은 아마 죄가 되겠지. 설사 내가 먹고 살려고 여러 사람에게 먹이려고 죽인 거라고 해도 죄가 될 거야. 그러면 세상에 죄가 아닌 것이 없겠지. 하여간 지금은 쓸데없이 죄에 대해 생각하지는 말자. 그런 생각을 하기엔 때가 늦었고, 또 돈을 받고 죄에 대해 생각해주는 사람들도 있으니까. 죄에 대한 걱정은 그런 사람들에게 맡기면 되는 거지. 물고기가 물고기로 태어난 것처럼 나는 어부로 태어났잖아. 성 베드로(예수의 제자 중 한 사람)나 디마지오의 아버지도 어부였어.

노인은 자신과 관련된 일이라면 뭐든지 생각하기를 좋아했다. 읽을거리도 없고 라디오도 갖고 있지 않았기 때문에 자연히 혼자 별의별 생각을 하게 되었다. 그중 한 가지가 죄악이었다. 네가 대어를 죽인 것은 먹고살기 위해서나 시장에 팔기 위해서만은 아니었어. 자존심 때문에 또 어부이기 때문에 그놈을 죽인 거지. 너는 그놈이 살아있을 때도 그놈을 사랑했고 죽은 뒤에도 사랑했지. 물고기를 진심으로 사랑했다면 죽여도 죄가 되지 않는 거야. 아니, 더 무거운 죄가 될까?

"이 늙은이가 쓸데없는 생각이 너무 많구먼." 그는 소리 내어 말했다.

하지만 너는 마코상어를 죽일 때 즐기고 있었잖아. 그놈도 너처럼 날고기를 먹고 사는 동물이지. 썩은 고기를 먹고사는 상어도 있지만 그놈은 게걸스레 먹어치우는 부류가 아니라 제법 고상하고 두려움을 모르는 놈이지.

"내가 놈을 죽인 건 정당방위였다고. 그리고 떳떳한 방식으로 찔러 죽였어." 노인은 큰소리로 외쳤다. 그에겐 문득 이런 생각이 떠올랐다. 세상의 모든 동물들은 어떤 식으로든 다른 동물을 죽이면서 살아가고 있어. 고기잡이는 나를 먹여 살리지만, 동시에 나를 죽이기도 하지. 그 아이는 나를 살려주고 있어. 내 자신을 속이면 안 돼.

노인은 뱃전으로 몸을 내밀고 상어에게 물어뜯긴 부분의 살점을 조금 뜯었다. 그것을 입에 넣고 고기의 질과 맛을 음미했다. 소고기처럼 단단하고 물기가 많지만 붉은색은 아니었다. 질긴 힘줄도 없어서 시장에서 최고가를 받을 수 있는 고기였다. 하지만 바닷물에 퍼진 대어의 피 냄새를 지울 방법은 없었기 때문에 노인은 불행한 사태를 미리 알아차리고 있었다.

미풍은 여전히 불고 있었다. 바람이 동북쪽으로 방향이 바뀌긴 했지만 전혀 멈출 것 같지는 않았다. 사방을 둘러보았지만 돛이나 선체나 배에서 피어오르는 연기조차 보이지 않았다. 뱃머리 쪽에서 뛰어오르는 날치와 수면 위로 떠다니는 누런 모자반 해조류만 보일 뿐이었다. 지나가는 새 한 마리조차도 없었다.

노인은 선미 쪽에 앉아 쉬면서 기운을 회복하려고 청새치 고기를 씹으면서 두 시간 정도 항해하던 중 상어 두 마리 가운데 앞서 오는 놈이 보였다.

"아아!"

노인의 입에서 절망의 신음이 터져 나왔다. 쇠못이 손바닥을 뚫고 판자에 박힐 때 외치게 되는 그런 비명이었다.

"그놈들이군."

노인은 소리 내어 말했다. 두 번째로 유유히 따라오는 상어의 지느러미도 보았다. 갈색의 삼각 지느러미와 쓸고 지나가는듯한 꼬리의 모습으로 보아 삽살코 상어임에 틀림없었다. 놈들은 배가 고픈 데다 피 냄새를 맡고 너무나 흥분한 상태라서 피 냄새를 놓쳤다가 다시 감지했다가 하면서 점점 더 다가오고 있었다.

노인은 돛을 단단히 묶고 키도 움직이지 않도록 고정시켰다. 그리고 나서 칼을 묶어 놓은 노를 들어올렸다. 두 손의 상처 때문에 힘을 들이지 않고 가만히 붙잡고, 손가락들을 폈다 쥐었다를 반복했다. 두 손의 고통에도 불구하고 꽉 움켜쥐고는 상어가 다가오는 것을 기다렸다. 넓적한 삽같이 생긴 머리통이 나타나고 하얗고 넓은 가슴지느러미도 보였다. 이놈들은 상어 중에서도 제일 험오스러우며 악취를 내뿜었다. 왜냐하면 놈들은 먹이를 죽이기도 하지만 썩은 고기도 먹어치우기 때문이다. 배가 고프면 노나 키라도 물어뜯어 버린다. 수면에 떠서 가만히 잠들어 있는 거북의 다리를 잘라먹는 놈들도 바로 이 놈들이다. 배가 고플 때는 피 냄새가 나지 않아도 사람을 공격하기도 한다.

"아! 갈라노(멋지거나 용감하거나 우아한 것을 뜻하는 말이지만 여기에선 삽살코 상어를 가리킴) 네놈이냐! 어서 덤벼라. 갈라노야."

마침내 첫 번째 상어가 다가왔다. 하지만 놈들은 마코상어와 달리 섣불리 덤비지는 않았다. 한 놈이 몸을 돌려 배 밑으로 들어가 버렸는데, 그놈이 몸을 흔들며 고기를 물어뜯을 때마다 배가 함께 흔들렸다. 다른 놈은 가늘게 찢어진 눈으로 노인을 쳐다보다가 쏜살같이 다가와 반원형 주둥이를 쩍 벌리고 달려들었다. 그놈은 이미 물어뜯긴 부위를 노렸다. 머리통과 척추가 이어진 부위에 줄무늬가 선명하게 이어져 있었다. 노인은 거기를 겨냥하여 노에 묶은 칼로 푹 찌르고, 이번엔 고양이 눈처럼 누런 눈알을 내리쪽었다. 상어는 고기에서 떨어져나가 죽으면서도 물어뜯은 고기조각을 삼키고 있었다.

하지만 아직 다른 상어가 배 밑에서 고기를 물어뜯고 있었기 때문에 배는 요동을 치고 있었다. 노인이 돛줄을 풀어 돛을 내려버렸다. 선체가 옆으로 돌자 상어가 모습을 드러냈다. 그는 뱃전에 몸을 내밀고 기회를 놓칠세라 재빨리 상어의 몸통을 찔렀다. 하지만 표피가 단단하여 깊숙이 찌르지는 못했다. 오히려 힘껏 내리 찌르느라 손과 어깨까지 저렸다. 그런데 상어는 수면 위로 대가리를 내밀고 다가왔고, 놈이 코를 보이면서 고기를 덮칠 때 노인은 놈의 대가리 한가운데를 제대로 내리쪽었다. 그는 칼을 뽑아들고 다시 같은 부위를 찍어버렸다. 그런데도 상어는 여전히 고기를 물고 있었다. 이번에는 상어의 왼쪽 눈알을 찔렀다. 하지만 상어란 놈은 아직도 버티고 있었다.

"아직도 부족한 거냐?" 노인은 이렇게 말하고 척추와 머리통 사이 틈으로 칼날을 박아 넣었다. 연골이 갈라지는 것이 느껴졌고 힘도 덜 들었다. 노인은 노를 거꾸로 잡고 상어의 이빨 사이에 노깃을 비틀어 넣어 아가리를 벌렸다. 노를 한 바퀴 돌리자 마침내 상어가 떨어져나갔다.

"잘 가거라. 갈라노야. 바다 밑 깊숙이 가라앉아 친구나 어미를 만나보려무나."

노인은 힘겹게 숨을 몰아쉬며, 칼날을 닦고 노를 내려놓았다. 그러고 나서 돛줄을 묶어 돛이 바람을 안고 배가 달려가도록 했다.

"상어 놈들이 물고기의 사분의 일은 뜯어먹은 것 같군. 그것도 제일 맛있는 부위를 먹어버렸네." 노인이 큰소리로 우울하게 말했다.

"차라리 내가 너를 잡은 것이 꿈이었으면 좋겠구나. 잡지 않는 편이 더 좋았을 것을. 물고기야, 미안하구나. 모든 일이 엉망이 되고 말았어."

노인은 이제 할 말을 잃고 물고기를 쳐다보고 싶지도 않았다. 피가 거의 빠져나가고 바닷물에 씻겨진 고기는 거울의 뒷면처럼 탁한 은색을 띠었다. 그래도 아직 줄무늬는 선명했다.

"물고기야, 내가 이렇게 멀리 나오지 말 걸 그랬구나. 그랬으면 너에게나 나에게나 더 좋을 뻔했다. 미안하구나."

노인은 다시 혼잣말을 중얼거렸다. 이제 칼이 잘 묶여있는지 살펴보고 혹시 끈이 끊기지는 않았는지 확인해야겠군. 상어는 또 몰려올 테니 손을 제대로 놀릴 수 있도록 해야 해.

"칼날을 갈 숫돌이 있으면 좋으련만."

노인은 노 손잡이에 칼이 제대로 묶여 있는지 확인했다.

"숫돌을 갖고 왔으면 좋았을 텐데."

갖고 왔으면 좋았을 물건이 한두 가지가 아니군. 하지만 이 늙은 양반아, 그런 생각을 한들 무슨 소용이야? 그것들을 갖고 오지 않았는데. 지금은 없는 물건을 생각할 상황이 아니야. 지금 갖고 있는 물건으로 무엇을 할 수 있는지 궁리를 해봐야 해.

"여러 가지 좋은 충고를 해주는구먼. 이제 그런 충고도 지겨워졌어."

노인은 큰소리로 중얼거렸다. 배는 앞으로 나아가고 노인은 겨드랑이에 키를 끼운 채 두 손을 물속에 담갔다.

"마지막 놈이 얼마나 뜯어먹었는지 모르겠군. 하지만 배는 가벼워졌어."

노인은 물어뜯긴 고기의 아랫배 부위에 대해서는 생각하고 싶지 않았다. 상어들이 쿵하고 둔탁하게 덮칠 때마다 살점이 떨어져나갔을 테니, 지금은 떨어져나간 살점들이 바다의 모든 상어들을 불러올 만큼 바다에 고속도로를 깔아놓은 것이나 마찬가지라는 걸 노인은 잘 알고 있었다.

이 고기 한 마리면 한 사람이 겨울 내내 먹고 살 수 있을 텐데, 하고 노인은 생각했다. 그런 생각은 이제 그만두자. 그냥 휴식을 취하면서 남은 고기라도 지킬 수 있는 방법이나 생각해 보자. 이제 근처 바다에는 피 냄새가 넓게 번져있을 텐데 내 손에서 나는 비린내는 별것도 아니지. 내 손은 피를 많이 흘린 것도 아니야. 상처도 그렇게 대단치도 않고 또 피를 흘린 덕분에 왼손에 쥐가 날 걱정은 줄어들었다.

그럼 이제 무슨 생각을 해야 하나? 아무것도 없어. 아무 생각도 하지 말고 그저 상어 놈들이나 대비해야 한다. 차라리 그냥 이게 꿈이면 좋겠다. 그래도 혹시 모르는 일이지. 일이 잘 풀리게 될지도 몰라.

그 다음에 습격해온 놈은 삽살코 상어 한 마리였다. 이놈은 마치 여물통에 주둥이를 들이대는 돼지처럼 다가왔다. 사람 머리가 들어갈 만한 큰 주둥이를 가진 돼지 같은 모습이었다. 노인은 상어가 고기를 깨물 때까지 기다렸다가 노 끝에 묶은 칼로 머리통을 내리쳤다. 그런데 상어가 몸을 뒤집으면서 발버둥치는 바람에 칼날이 뚝하고 부러지고 말았다.

그는 마음을 진정시키고 키를 잡았다. 커다란 상어는 처음엔 실제 크기에서 차츰 작아지면서 나중에는 작은 점이 되어 천천히 가라앉았는데 평소엔 유쾌한 기분으로 바라보았으나 지금은 거들떠보기도 싫었다.

"아직 작살이 남아 있어. 하지만 별로 쓸모는 없을 거야. 그래도 노 두 개에다 키 손잡이와 짧은 몽둥이가 하나 있으니까 괜찮아."

결국 나는 상어 놈들에게 지고 마는구나. 그는 생각했다. 이제 너무 늙어서 몽둥이로 상어를 때려죽일 기운이 없다. 하지만 내게 노와 짧은 몽둥이 그리고 키 손잡이가 있는 한 끝까지 싸워 볼 테다.

노인은 두 손을 물에 담갔다. 이미 날이 저물어서 하늘과 바다밖에는 아무 것도 보이지 않았다. 바람은 아까보다 세차게 불었기 때문에 빨리 육지가 보이길 바라고 있었다.

"늙은 양반아, 이제 지쳤구먼. 깊숙이까지 지쳐버렸어." 그가 말했다.

상어 떼가 다시 습격한 것은 해가 지기 직전이었다. 고기가 바다에 만들어 놓은 뚜렷한 길을 따라 다가오는 갈색 지느러미들이 보였다. 놈들은 이제 냄새를 찾아 헤매지도 않고 일직선으로 어깨를 나란히 하고 배를 향해 다가왔다.

그는 키를 고정시키고 돛줄을 단단히 묶은 다음 선미 밑창에서 몽둥이를 꺼냈다. 그것은 부러진 노 손잡이를 잘라서 만든 60센티미터 정도의 몽둥이였다. 손잡이가 있어서 쥐고 다루기가 편했다. 노인은 오른손으로 그것을 꽉 잡고 왼손은 쥐었다 폈다 하면서 상어들을 지켜보았다. 두 마리 모두 갈라노 상어였다. 첫 번째 놈이 고기를 물면 콧등이나 정수리를 정통으로 갈겨버려야지. 이렇게 생각하고 있었다.

두 마리는 사이좋게 다가왔고 첫 번째 상어가 고기의 은빛 옆구리를 노리고 덤벼들 때 노인은 몽둥이를 쳐들고 널쩍한 머리통을 힘껏 갈겨버렸다. 몽둥이로 타격할 때 고무 같은 탄력과 단단한 뼈의 감촉도 느껴졌다. 상어가 고기로부터 떨어져나가는 순간 재차 콧등을 힘껏 강타했다.

다른 녀석은 물속으로 들어갔다가 나왔다가 하더니 주둥이를 벌린 채 다가왔다. 놈이 고기를 베어 물고 주둥이를 닫을 때 양옆으로 살점이 삐져나온 것이 보였다. 노인은 힘껏 몽둥이를 휘둘러 놈의 골통을 내리쳤지만, 놈은 노인을 슬쩍 바라보고 다시 고기를 물어뜯었다. 상어가 살점을 삼키려고 뒤로 물러날 때 다시 몽둥이로 타격을 가했지만 육중하고 단단한 고무의 탄력만이 느껴질 뿐이었다.

"아! 갈라노야. 어서 덤벼봐라!" 노인이 소리쳤다.

상어는 번개같이 달려와서 고기를 물어뜯었다. 노인은 그때마다 몽둥이를 높이 치켜들었다가 힘껏 내리쳤다. 이번엔 골통 아래쪽 뼈에 맞는 감촉이 느껴졌다. 상어가 천천히 살점을 물어뜯고 달아날 때 같은 부위를 후려갈겼다.

노인은 상어들이 다시 덤벼들기를 기다렸다. 하지만 두 놈 모두 나타나지 않았다. 잠시 시간이 경과하고 나서 한 놈이 수면 위에 원을 그리며 움직이는 것이 보였다. 다른 놈은 이제 등지느러미조차 보이지 않았다.

내가 이런 몽둥이로 저놈들을 죽일 수 있다고는 생각할 수 없지. 젊었을 때라면 충분히 죽일 수 있었겠지만 말이야. 그래도 두 놈 모두 몸이 성치는 못할 거야.

양손으로 몽둥이를 휘두를 수 있다면 먼저 덤벼들었던 놈은 확실히 죽여 버릴 수 있었을 텐데. 아니 지금이라도 해치울 수 있을 거야. 노인은 생각했다.

노인은 애써 물고기에서 시선을 피했다. 이미 절반이나 살점이 사라져 버린 것을 알기에 차마 볼 수가 없었다. 상어와 싸우는 사이에 해는 이미 수평선 아래로 떨어졌다.

"이제 곧 어두워지겠군. 그럼 아바나의 불빛이 보일 테지. 만일 여기가 너무 멀리 동쪽으로 나와 있다면 다른 해안선의 불빛이 보일 거야."

　이제 해안에서 그다지 멀지는 않을 텐데, 하고 노인은 생각했다. 나 때문에 사람들이 걱정하지 않았으면 좋겠는데. 물론 그 아이는 내 걱정을 하고 있겠지. 그 아이는 나를 끝까지 믿고 있을 거야. 늙은 어부들도 나를 걱정하고 있겠지. 나는 인정이 넘치는 마을에 살고 있는 거야.

　물고기의 몸통이 이제 너무 심하게 훼손되었기 때문에 더 이상 대화를 나눌 수도 없었다. 그때 문득 어떤 생각이 떠올랐다.

　"몸이 절반만 남았구나. 한때는 온전한 몸이었는데. 내가 너무 멀리까지 나온 게 나빴어. 내가 우리 둘을 망치고 만 거야. 미안하구나." 노인이 계속 말했다. "그래도 너와 내가 상어를 많이 해치우지 않았느냐. 물고기야. 너는 지금까지 얼마나 많이 죽였느냐? 네 머리에 창처럼 뾰족한 주둥이가 괜히 달린 건 아니겠지?"

　노인은 고기에 대해서 상상을 해보았다. 만일 이 고기가 자유롭게 헤엄치면서 돌아다닌다면 상어를 상대로 어떻게 싸웠을까? 이럴 줄 알았으면 물고기의 주둥이를 잘라내어 그걸로 상어를 공격했으면 좋았을걸, 하고 생각했다. 만일 잘라내어 노의 손잡이에 그걸 묶어 놓았다면 얼마나 멋진 무기가 되었을까? 그렇게 했다면 나와 물고기가 함께 싸운 것이나 마찬가지였을 텐데. 그나저나 한밤중에 상어들이 덤벼들면 어떻게 하지? 어떻게 하긴 뭘 어떻게 해.

　"놈들과 싸워야지. 죽을 때까지 싸울 거야." 그가 말했다.

　그런데 이제 사방은 어두워졌고 별빛도 불빛도 보이지 않았다. 그저 불어오는 바람에 돛이 팽팽하게 긴장되어 있었다. 노인은 문득 자신이 죽은 몸이 아닐까 하는 생각도 들었다. 노인은 양 손바닥을 맞대보았다. 손바닥을 폈다 접었다 해보니 통증이 느껴졌다. 확실히 살아있는 것이었다. 이번엔 등을 선미에 기대어 보았다. 역시 죽지 않았음을 알 수 있었다. 양쪽 어깨의 감각이 그것을 말해주고 있었다.

만일 고기를 잡으면 외우겠다고 맹세했던 기도문이 있었지. 그런데 지금은 너무나 몸이 지쳐서 욀 수가 없군. 포대를 찾아서 어깨를 덮고 있어야겠군.

노인은 선미 쪽에 누워서 키를 잡았다. 이젠 하늘이 훤하게 밝아지기만을 기다릴 뿐이었다. 그래도 고기가 아직 반은 남아 있다. 잘하면 앞쪽 부분은 가지고 돌아갈 수 있을지도 몰라. 내게 운이 조금은 남아 있을 거야. 아니야. 네가 너무 멀리까지 나왔을 때 이미 행운을 저버린 거야.

"바보 같은 생각은 이제 그만하자. 정신 바짝 차리고 키나 똑바로 잡아. 이제부터라도 행운이 찾아와줄지도 몰라." 노인이 큰소리로 중얼거렸다.

행운을 파는 곳이 있다면 좀 사고 싶군. 하지만 뭘 가지고 사지? 잃어버린 작살과 부러진 칼과 상처 입어 엉망이 된 이 손으로 행운을 살 수 있을까? 살 수 있을지도 몰라. 너는 바다에서 보낸 여든 하고도 나흘 동안 그걸 사려고 했지. 그래서 거의 살 뻔했잖아.

쓸데없는 생각은 하지 말자. 노인은 생각했다. 행운이란 예측할 수 없고, 여러 가지 형태로 찾아오는 거니까 미리 알 수는 없어. 하지만 나는 어떤 형태의 행운이라도 어느 정도 갖고 싶다. 그리고 얼마를 요구하든 지불할 거야. 하늘에 훤한 불빛이 보이면 좋겠는데. 내가 바라는 게 너무 많구나. 하여튼 무엇보다 지금 당장 제일 바라는 건 밝은 불빛을 보는 거야. 노인은 가능한 편한 자세로 앉아 키를 잡으면서도 몸에 느껴지는 통증 때문에 아직 살아 있음을 피부로 느꼈다.

추측이지만 밤 열 시쯤 아바나 시의 불빛이 하늘에 반사되어 보였다. 처음에는 달이 뜨기 직전처럼 어렴풋한 밝기였다. 그러더니 바람이 점점 거세지자 바다도 거칠어졌다. 그리고 바다 너머로 도시의 불빛이 확실히 보이기 시작했다. 그는 불빛이 보이는 쪽으로 배를 돌리며 멕시코 만류의 가장자리로 들어갈 것이라고 생각했다.

이제 다 끝났다고 노인은 생각했다. 어쩌면 상어들이 다시 덤벼들지도 모른다. 하지만 캄캄한 밤에 무기도 없이 상어를 당해낼 수는 없는 노릇이지.

노인의 몸은 뻣뻣해지면서 온몸 여기저기가 쑤시고 아팠다. 밤의 냉기 때문에 상처난 곳과 긴장되었던 근육이 욱신거리고 아팠다. 더 이상 싸우지 않으면 좋겠는데 하고 바랄뿐이었다. 정말 다시 싸우지 않아도 된다면 오죽이나 좋을까.

그러나 자정 쯤 노인은 다시 격전을 치러야만 했다. 이제는 승산이 없는 싸움이라는 것을 인정할 수밖에 없었다. 상어가 떼로 몰려왔고 노인에겐 지느러미들이 수면을 길게 긋는 선과 고기에게 덤벼들 때의 인광만이 보였다. 노인은 몽둥이로 상어의 골통을 마구 강타했다. 상어 주둥이가 갈라지는 소리도 들렸다. 살점을 뜯어먹는 소리가 그치지 않았고, 상어가 배 밑으로 들어갈 때는 배가 요동을 치곤했다. 노인은 촉감과 소리에 의지하여 몽둥이를 마구 휘둘렀다. 그러다가 뭔가가 몽둥이를 붙잡는 듯하더니 몽둥이마저 사라지고 말았다. 노인은 키에서 손잡이를 잡아 뽑아 양손으로 쥐고 닥치는대로 휘둘렀다. 상어들은 이제 뱃머리 쪽으로 옮겨가더니 한 놈씩 또는 한꺼번에 덤벼들더니 고기를 물어뜯었다. 놈들이 재차 공격하려고 되돌아 올 때 바다에는 물어뜯긴 고기 살점들이 흩어져 밝은 빛을 발하고 있었다.

마지막으로 한 마리가 고기의 머리를 향해 돌진해 올 때 노인은 모든 것이 끝났다는 것을 알게 되었다. 그놈은 물어 뜯기지도 않는 고기의 거대한 머리통을 물고 늘어졌는데, 노인은 그 상어의 골통을 손잡이로 연거푸 힘껏 후려갈겼다. 손잡이가 부러졌지만 개의치 않고 부러져서 뾰족한 끝으로 상어를 쑤셔버렸다. 깊숙이 뚫고 들어가는 느낌이 있어서 그것을 빼내어 다시 한 번 찔렀다. 그러자 상어는 입을 열고 맥없이 떨어져나갔다. 그놈이 덤벼든 마지막 놈이었다. 이젠 더 이상 물어뜯을 고기는 남아있지 않았다.

노인은 이제 숨도 쉬기 힘들었고, 입안에선 이상한 맛이 느껴졌다. 마치 구리쇠 같은 들척지근한 맛이었다. 노인은 더럭 겁이 났지만 그리 많은 양이 아니라서 그것을 바다에 뱉으며 외쳤다.

"갈라노 놈아, 이거나 먹어라! 그리고 사람 죽인 꿈이나 꾸어라!"

노인은 이제 자신이 완전히 패배하고 말았다는 사실을 깨달았다. 그는 선미로 가서 톱니처럼 부러진 키 손잡이를 살펴보았다. 손잡이는 배를 조종할 수 있을 만큼 키 구멍에 잘 맞춰져 있었다. 그는 어깨에 포대를 걸치고 배의 진로를 똑바로 조종했다. 배는 이제 바다 위를 미끄러지듯 달려 나갔다. 노인에게는 이제 아무런 생각도 아무런 감정도 느껴지지 않았다. 그는 모든 것을 제쳐놓고, 가능하면 능숙하게 배를 몰아 항구에 도착하는 것에만 신경을 기울였다. 누군가 식탁에서 음식 부스러기를 주워 먹는 것처럼, 상어들도 고기 잔해에 덤벼들곤 했다. 하지만 노인은 상어들에겐 아무 관심도 없고 키를 조종하는 일에만 집중했다. 뱃전에 묶였던 무거운 짐을 덜어낸 배가 얼마나 가볍게 바다 위를 미끄러지는지만 느끼는 것 같았다.

배는 이상이 없구나. 노인은 생각했다. 배는 괜찮아. 키 손잡이 말고는 아무 손상이 없군. 손잡이 같은 것이야 쉽게 바꿔 끼울 수 있으니까 상관없지.

그는 이제 배가 조류 안으로 들어온 것을 알았고 해안을 따라 있는 마을의 불빛이 보였다. 이제 배의 위치를 확실히 알고 있으므로 집에 돌아가는 것은 너무나 쉬운 일이었다.

하여튼 바람은 우리의 진정한 친구지. 노인은 생각했다. 물론 언제나 그런 것은 아니지. 그렇게 단서를 붙였다. 그리고 거대한 바다에는 친구도 있고 적도 있지. 또 침대도 내 친구야. 침대는 참 좋은 물건이지. 내가 패배했을 때도 편안하게 누울 수가 있지. 침대가 얼마나 편안한 존재인지 전에는 미처 알지 못했다. 그런데 너를 이렇게 녹초로 만들어버린 것은 무엇인가? 노인은 가만히 생각해 보았다.

"아무것도 없어. 그저 내가 너무 멀리까지 나간 것이 문제였어." 노인은 큰소리로 말했다.

노인이 마침내 작은 항구로 돌아왔을 때는 '테라스'의 불은 꺼져 있었다. 다들 잠자고 있는 것이었다. 바람이 처음엔 계속 미풍이었으나 차츰 거센 바람으로 바뀌었다. 하지만 항구에는 아무런 인기척이 없었다. 노인은 바위 아래 자갈밭에 배를 댔다. 도와주는 이가 없어서 혼자였지만 노인은 가능한 한 배를 육지 깊숙이까지 끌어올렸다. 그 다음 배에서 내려 배를 바위에 단단히 묶어놓았다.

노인은 돛대를 내리고 돛으로 감아서 묶어놓았다. 그러고 나서 돛대를 어깨에 짊어지고 언덕길을 올라갔다. 그제야 자신의 몸이 얼마나 녹초가 되었는지 느껴졌다. 잠시 발걸음을 멈추고 돌아다보니 가로등 불빛에 고기의 몸통이 선미 뒤에 솟아있고 꼬리는 수직으로 서 있는 것이 보였다. 허연 등뼈와 뾰족하게 돌출된 주둥이가 달린 머리통, 그리고 그 사이는 텅 비어 있었다.

그는 다시 비탈길을 오르기 시작했다. 언덕 꼭대기에 이르자 다리에 힘이 풀려 넘어졌고 돛대를 둘러맨 채 그대로 잠시 누워서 쉬었다. 그리고 일어나려고 힘을 썼지만 힘겨워서, 돛대를 어깨에 걸친 채 앉아서 길 쪽을 바라보았다. 그때 고양이 한 마리가 오줌을 싸려고 길을 건너고 있었다. 노인은 고양이를 쳐다보다가 멍하니 길을 바라보고 있었다.

잠시 후 노인은 돛대를 내려놓고 일어났다. 그리고 다시 돛대를 들어 어깨에 매고 걷기 시작했다. 자신의 판잣집까지 도착하기까지 그는 다섯 번이나 쉬어야 했다.

판잣집에 들어간 노인은 돛대를 벽에 기대어 두었다. 캄캄한 방에서도 그는 익숙하게 물병을 찾아 물을 들이켰다. 그 다음엔 침대에 드러누웠다. 엎드려서 담요를 어깨와 등과 다리를 덮고 신문지에 얼굴을 묻고 두 팔은 쭉 펴고 손바닥을 위로 향하게 하고 잠이 들었다.

이튿날 아침 소년이 판잣집을 들여다보았을 때 노인은 잠에 빠져 있었다. 그날은 마침 바람이 너무 거세어서 유망(고기의 통로인 물의 흐름을 횡단하여 그물을 쳐서, 그물 구멍에 고기가 끼거나 물리게 하여 잡는 고기잡이 방식)어선조차 출어할 수 없을 정도였기 때문에 소년은 늦잠을 자고 일어나, 습관적으로 노인의 판잣집에 와 본 것이다. 소년은 깊이 잠든 노인이 숨을 쉬고 있는지 확인하고 나서 눈물을 흘리기 시작했다. 그리고 커피를 갖다드리려고 조용히 판잣집을 빠져나와 길을 내려가면서도 줄곧 눈물이 멈추지 않았다.

많은 어부들이 노인의 조각배 주위에 모여들어 뱃전에 매달린 것을 구경하고 있었다. 어떤 어부는 바지를 걷고 물에 들어가 낚싯줄로 고기 뼈의 길이를 재고 있었다.

소년은 거기에 합류하지 않았다. 이미 살펴본 것이다.

"노인네는 어떠시니?" 어떤 어부가 물어왔다.

"지금은 주무세요." 소년이 대답했다. 소년은 자기가 눈물을 흘린 것을 어부들이 쳐다보았지만 상관하지 않고 말했다. "할아버지를 깨우지 마세요."

"코에서 꼬리까지가 5미터 50센티나 되는군." 길이를 재본 어부가 큰소리로 말했다.

"그 정도 될 거에요." 소년이 말했다.

소년은 테라스에 들어가서 커피 한 잔을 시켰다.

"뜨거운 걸 주세요. 우유하고 설탕도 듬뿍 넣어주세요."

"또 필요한 건 없니?"

"네, 없어요. 나중에 할아버지가 뭘 드실지 여쭤볼게요."

"정말 엄청난 물고기야. 난생처음 보는 거대한 놈이야. 어제 네가 잡은 두 마리도 꽤 괜찮은 편이었다만." 테라스 주인이 말했다.

"제가 잡은 거요. 그까짓 거는 별것도 아니죠." 소년은 말하고 다시 울기 시작했다.

"너도 뭐 좀 마실래?" 주인이 물었다.

"아니오. 사람들에게 산티아고 할아버지를 귀찮게 하지 말라고 전해주세요. 저는 이만 가볼게요." 소년이 말했다.

"내가 안타까워하더라고 전해다오."

"고맙습니다." 소년이 인사했다.

소년은 뜨거운 커피를 담은 깡통을 들고 노인의 판잣집으로 가서 노인이 깨어날 때까지 곁에 앉아 있었다. 노인은 한 번 깰 듯 움직였지만 다시 깊은 잠에 빠졌고, 소년은 길 건너편에 가서 나무를 얻어와 식어버린 커피를 데웠다.

마침내 노인이 잠에서 깨어났다.

"할아버지, 일어나지 마세요." 소년이 걱정스레 말했다.

"이걸 좀 드세요." 소년은 유리컵에 커피를 조금 따랐다.

노인은 그걸 받아들고 마셨다.

"내가 놈들에게 졌어. 완전히 패배했어."

"할아버지는 물고기한테 진 게 아니에요. 저 물고기한테 진 건 아니에요."

"맞다. 그래. 내가 패배한 건 그보다 나중일이지."

"페드리코(베드로의 스페인어 표기) 아저씨가 배와 도구를 손질하고 있어요. 고기 대가리는 어떻게 하시겠어요?"

"페드리코에게 시켜서 미끼로 쓰라고 하지."

"창처럼 뾰족한 주둥이는요?"

"원한다면 네가 가지거라."

"네, 제가 갖고 싶어요. 이제 그 고기는 잊어버리고 새로운 계획을 세워야 해요." 소년이 말했다.

"마을 사람들이 나를 찾았었니?"

"그럼요. 해안경비대하고 비행기까지 동원되었어요."

"바다는 막막하게 넓고 배가 아주 작으니까 찾기가 어렵지."

노인이 말했다. 그는 문득 깨달았다. 바다와 자신만을 상대로 대화를 하다가, 이렇게 진짜 이야기 상대와 대화를 나누는 것이 얼마나 즐거운 일인지 절감한 것이다.

"네가 보고 싶더구나. 근데 너는 뭘 잡은 거냐?" 노인이 물었다.

"첫날은 한 마리 잡았고요. 이튿날에도 한 마리, 셋째 날은 두 마리를 잡았어요."

"잘 했구나."

"이제 할아버지와 함께 고기 잡으러 갈게요."

"그건 안 돼. 나는 운이 끝난 사람이니까."

"그런 말씀 마세요. 운은 제가 챙겨 갖고 갈게요."

"네 부모들이 뭐라고 할 텐데."

"상관없어요. 어제도 두 마리나 잡았으니까요. 하지만 아직 저는 배워야 할 게 많으니까요. 앞으로는 할아버지와 같이 다닐게요."

"괜찮은 고기잡이 작살을 한 자루 싣고 다녀야겠다. 고물 포드 차의 스프링을 이용하면 창날을 만들 수 있겠지. 과나바코아(아바나 만에 있는 쿠바의 도시. 현재는 아바나로 편입됨)에 가서 그걸 날카롭게 갈면 돼. 근데 너무 달구면 안 돼, 부러지기 쉬우니까. 내 칼은 부러져 버렸단다."

"제가 다른 칼을 구해다 드릴게요. 스프링도 갈아오고요. 이 거친 바람이 얼마나 지속될까요?"

"아마 사흘 정도겠지. 어쩌면 더 길 수도 있고."

"제가 모두 다 준비해 놓을게요. 할아버지는 손이나 치료하세요."

"손 치료 방법은 잘 안단다. 근데 말이다. 지난밤에 이상한 걸 뱉었는데 가슴이 찢어지는 것처럼 아프더구나."

"그것도 어서 치료하시고요."

"누워 계세요. 할아버지. 제가 깨끗한 셔츠를 갖다드릴게요. 그리고 뭐 좀 드실 것도요."

"내가 없는 동안 온 신문 있으면 좀 갖다다오." 노인이 말했다.

"할아버지가 저한테 뭐든지 가르쳐 주셔야 하니까 빨리 나으셔야 해요. 제가 배워야 할 게 많으니까. 근데 얼마나 오래 고생하신 거죠?"

"상당히 고생했지."

"그럼 드실 음식하고 신문을 갖고 올게요." 소년이 말했다.

"약국에서 손에 바를 연고도 사갖고 올게요."

"페드리코에게 고기 대가리 가져가라고 말해 주거라."

"네, 잊지 않을게요."

소년은 밖으로 나와 발길에 닳은 산호초 길을 따라 걸어가면서 소리 내어 울음을 터뜨렸다.

그날 오후 테라스에는 관광객 일행이 찾아왔다. 빈 맥주 캔과 생선 꼬치구이 사이로 바다를 내려다보던 어떤 여자가 거대한 꼬리를 가진 커다란 등뼈를 발견했다. 항구 밖으로부터 동풍이 불어와 생긴 거센 파도가 그 등뼈를 수면 위에서 흔들고 있었다.

"저게 뭘까요?" 여자가 웨이터에게 물었다. 그녀의 손은 이제 조류에 휩쓸려 나가기를 기다리는 쓰레기에 불과한 거대한 물고기의 등뼈를 가리키고 있었다.

"티뷰론(거대하고 공격적인 상어라는 뜻의 스페인어)이죠. 말하자면 상어랍니다." 웨이터가 대답했다. 그는 해변에서 있었던 일을 설명해주려고 했다.

"상어가 저렇게 근사하고 아름다운 꼬리를 갖고 있는 줄은 몰랐네요."

"나도 그래." 여자와 함께 온 남자가 말했다.

도로 위쪽의 판잣집에선 노인이 다시 깊은 잠에 빠져 있었다. 노인은 아직도 엎드려 잠자고 있었고 소년은 곁에서 노인을 지켜보고 있었다. 노인은 꿈에서 사자들을 보고 있었다.

- 끝 -